U »Anton taucht ab« im Unterricht

INHALTSANGABE

U.1

Anton, der mit seinen Großeltern die Ferien auf einem Campingplatz verbringen muss, die Beziehung zu einem selbst gefangenen Fisch und die Flucht in Fantasiewelten, dagegen Rivalitäten und aufkeimende Gefühle im wahren Leben und die daraus resultierenden Verwirrungen – das sind die Zutaten des preisgekrönten Kinderromans von Milena Baisch.

Der coole Anton lädt bei Popcorn und Chips ein, seiner »Abenteuerheldengeschichte« zu lauschen. Anton ist häufig in der Computerwelt unterwegs, hat dort viele Freunde und ist nie um einen lässigen Spruch verlegen. Ganz anders ist dies im wahren Leben.

Der Urlaub mit den Großeltern in einem Wohnwagen stellt ihn vor eine große persönliche Herausforderung. Es ist nicht der erhoffte Swimmingpool in Sicht, stattdessen gibt es nur einen undurchsichtigen, mit Schlingpflanzen, Fröschen und Fischen belebten See. In Antons Augen eine »Pissbrühe« und ein Ort, »an dem es keine Ratte ausgehalten hätte«.

Es schüttelt Anton, als er sieht, wie seine Oma baden geht. Hätten die Großeltern ihn doch einfach im Wohnwagen gelassen. Sie machen sich schon Sorgen um ihn. Also reißt sich Anton zusammen und er versucht, gegen sein Naturell Kontakte mit anderen Kindern zu knüpfen, die sich am Steg des Sees treffen. Doch die erste Begegnung verläuft alles andere als gut. Schnell stellt sich heraus, dass die Chemie zwischen Anton und dem offensichtlichen Anführer, einem älteren Jungen mit komischer Frisur, nicht stimmt. Anton nennt ihn Pudel und der scheint in seinen Augen nur auf Ärger aus zu sein. Da hilft auch die Bekanntschaft mit Marie nichts, die zwar ganz nett zu sein scheint, sich aber sehr über Anton wundert, da er nicht wie alle anderen eine Badehose trägt.

Um den Kindern aus dem Weg zu gehen, hält sich Anton am nächsten Tag beim Großvater auf und gibt vor, das Angeln lernen zu wollen. Diesmal zwar in Badehose, aber bei der Hitze im Schatten und in der Nähe der Kühlbox beschäftigt er sich mit einem Computerspiel. Warum? Er versucht größtmöglichen Abstand zwischen sich und dem Angelzeug zu halten, denn besonders vor den Würmern ekelt er sich zutiefst.

Plötzlich hängt ein Fisch an Opas Angel. Anton bekommt beim Anblick des am Haken zappelnden Fisches nach eigener Einschätzung eine »Panikattacke«. Es ist ein kleiner Barsch. Opa packt ihn in seinen Eimer. Nach anfänglichem Zögern fühlt sich Anton vom Fisch immer mehr angezogen und verhindert, dass er in den See zurückgekippt wird. Oma opfert später sogar ihr großes Gurkenglas, damit Piranha – wie Anton ihn tauft – ein Zuhause hat.

Schon am nächsten Tag muss sich Anton erneut überwinden: Auch kleine Barsche sind Raubfische und benötigen mehr als nur pflanzliches Fischfutter. Anton müht sich mit Maden und Würmern, als Pudel auftaucht und ihm den Kampf ansagt. Dies kommt für Anton als Gegner von Gewalt überhaupt nicht infrage. Die Großeltern merken, dass etwas nicht stimmt, und sorgen sich. Oma hat ihm sogar eine Taucherbrille besorgt in der Hoffnung, dass ihr Enkel mit den anderen Kindern im See schwimmen geht. Aus Scham bedient sich Anton einer Lüge und behauptet, dass Pudel und Marie seine Freunde seien, und beruhigt so seine Großeltern. Schnell bereut Anton, die Unwahrheit gesagt zu haben. Er fühlt sich als großer Versager. In dieser Situation vertraut er sich seinem Fisch an. Piranha ist zu seinem Freund geworden, bei dem Anton sogar menschliche Wesenszüge erkennt, als er losheulen muss: »Aber Piranha war ein Freund. Er drehte sich um.«

Der Höhepunkt naht: Es kommt zum Streit zwischen Anton und Pudel. Wieder wird er vor eine Entscheidung gestellt, diesmal seine größte: Hilft er seinem Freund Piranha oder bleibt er seinem Schwur treu, niemals Gewalt anzuwenden? Antons »Düsenantriebsrakete« führt dazu, dass er Pudel einen kräftigen Kinnhaken versetzt und sich den für Piranha überlebenswichtigen Wasserstöpsel zurückerobert. Um seinen Freund zu retten, überwindet sich Anton sogar und berührt seinen glitschigen Freund. Im wahrsten Wortsinn eine unfassbare Leistung für unseren Helden.

Am Abreisetag will sich Anton angemessen von Piranha verabschieden und ihn im See aussetzen. Dabei fällt er ins Wasser und erlebt eine erstaunliche Wandlung. Aus dem »Versager« wird »Anton unter Wasser«. Er beginnt, in Piranhas Welt einzutauchen und viele neue Dinge zu entdecken, bevor er seinen Freund endgültig zurücklässt. So wird Anton nun auch in der Realität immer lockerer und mutiger. Er kann mit einem beherzten letzten Sprung über den Steg (»Er war wie eine Startrampe«) gestärkt nach Hause fahren, und das mit dem Vorhaben, Marie im nächsten Sommer auf dem Campingplatz wiederzutreffen.

Milena Baischs brillanter Kinderroman besticht durch seine ironische Brechung der Abenteuererzählung. Die lebendig-freche Erzählweise nimmt die Leser:innen mit in Antons Gefühls- und Gedankenwelt. Die inneren Konflikte des Helden, ausgelöst durch Antons Ängstlichkeit in der Realität und seine permanenten Heldenfantasien, stellt Milena Baisch auf unverwechselbare Weise dar. Mit der ihr eigenen intensiven, bildhaften Sprache werden die jugendlichen Leser:innen mitgenommen auf Antons Weg hin zu einem von seiner eigenen Courage beflügelten Jungen, der dies so ja gar nicht geplant hatte. Gerade Jungs können sich damit schnell identifizieren.

Auch deshalb ist Milena Baischs Roman eine außergewöhnliche und glänzend geeignete Klassenlektüre.

U.2 DIDAKTISCHES PROFIL DES ROMANS

Wie jeder andere Unterricht auch muss die Behandlung eines Jugendromans einerseits an die Lernvoraussetzungen der Kinder anknüpfen und damit assimilative Aspekte bieten, andererseits auch zusätzliche Anforderungen an das Verstehen stellen. Das didaktische Potenzial des Romans als Unterrichtslektüre liegt damit in der Verknüpfung von vertrauten, assimilativen und eher neuen, akkomodativen Aspekten. Vertraute Charakteristika des Textes sorgen dafür, dass die Kinder von sich aus einen Zugang zum Text finden können und dass Anknüpfungsmöglichkeiten für eine eigene Textdeutung vorhanden sind (Assimilation). Dieser Aspekt betrifft das lesefördernde Potenzial. Neue, zusätzliche Anforderungen, die der Text an ein Verstehen der Schüler:innen stellt, betreffen eher den Bereich des literarischen Lernens. Das didaktische Profil im Überblick:

Dimension des Textes	Das Vertraute: Möglichkeit zur Assimilation (Leseförderung)	Das Neue: Notwendigkeit zur Akkomodation (literarisches Lernen)
Wirklichkeitsbezug	▶ Realistische Erzählung ▶ Freundschaftserfahrungen	▶ Grenze zwischen wirklicher Welt und virtueller/fiktionaler Welt
Thematik	▶ Angst/Ekel vor etwas ▶ Freundschaften knüpfen und Konflikte lösen ▶ Gewalt bei Konflikten ▶ Herausforderungen annehmen	▶ Kontakte eingehen ▶ Umgang mit Konflikten

Dimension des Textes	Das Vertraute: Möglichkeit zur Assimilation (Leseförderung)	Das Neue: Notwendigkeit zur Akkomodation (literarisches Lernen)
Figuren	▶ Anton: Identifikationsfigur, besonders für Jungen ▶ Hauptfigur macht Entwicklung durch, stellt sich den Herausforderungen	▶ Empathie mit Anton, der sich in der virtuellen Welt als Held fühlt, jedoch im wahren Leben unsicher und sensibel ist ▶ Perspektivübernahme (Opa, Pudel, Marie)
Sprache/Stil	▶ Umgangssprache ▶ Äußere und innere Handlung ▶ Direkte Leseransprache	▶ Wortneuschöpfungen ▶ Vergleiche
Literarische Formelemente/ Erzählkonzept	▶ Ich-Erzählung ▶ Lineares Erzählen	▶ Geschlossenes und dennoch offenes Ende mit möglicher Fortsetzung ▶ Teilschritte auf einem Erfolgsweg erkennen und beachten

Die Übersicht verdeutlicht die gelungene Mischung aus leseförderndem Potenzial und Notwendigkeiten zur Akkomodation bestehender Verstehensschemata. Besonders geeignet ist »Anton taucht ab« für die Klassenstufen 3 bis 5. Die Stärke des Romans als Unterrichtslektüre liegt in den besonderen Identifikationsangeboten für Jungen sowie in der Lebendigkeit der sprachlichen Mittel. Die Erzählperspektive (der Leser erlebt das Geschehen aus Antons Sicht) vermittelt gleichzeitig Nähe und Distanz zum erzählten Geschehen.

LITERARISCHES PROFIL DES ROMANS

u.3

Erzählweise

Der Kinderroman »Anton taucht ab« ist eine fiktiv-realistische Erzählung. Er besteht aus 17 überschaubaren Kapiteln mit einer durchschnittlichen Länge von 5 bis maximal 8 Seiten. Sie sind nicht durch Überschriften gekennzeichnet, sondern mit holzschnittartigen Illustrationen von Elke Kusche versehen. Diese Bilder zeigen einerseits Pflanzen und Figuren, die sich auf den Inhalt der Kapitel beziehen, andererseits finden sich auch Bezüge zu Geschichten (z.B. Piraten) sowie Fantasiewesen (z.B. Meerjungfrau). Innerhalb mancher Kapitel finden sich teilweise weitere Unterteilungen, die grafisch durch eine Schlangenlinie und typografisch durch eine Majuskel abgegrenzt sind.

Der Kinderroman spielt hauptsächlich auf einem Campingplatz mit angrenzendem See. Die Handlung erstreckt sich über die Sommerferien, eine genauere Tages- oder Wochenanzahl ist nicht zu erkennen. Die Geschichte wird überwiegend zeitdeckend und linear erzählt. Eingeleitet wird der Roman, indem sich der Protagonist direkt an den Leser wendet: »Jetzt erzähle ich eine Geschichte. Eine Abenteuerheldengeschichte, in der es um mich geht, Anton.« (S. 5) Gelegentlich gibt es auch Rückblenden, vor allem, wenn der Erzähler von seinen Eltern berichtet.

Die Handlung wird fast immer im Präteritum geschildert. Lediglich wenn sich der Erzähler an seine Zuhörer wendet, wird im Präsens geschrieben, z.B. S. 83: »In den Filmen kommt jetzt immer eine hübsche Frau.« oder S. 100: »Was ist los mit euch? Ihr seid so ruhig und hört die ganze Zeit brav zu.« Auch wenn wir etwas über Anton erfahren, das über die Geschichte hinausgeht, erfolgt dies im Präsens, z.B. S. 59: »Ich habe ein Computerspiel, da muss man gegen Bösböcke kämpfen.« Der Wunsch nach einem Swimmingpool und die damit verbundenen Vorstellungen und Wünsche werden im Konjunktiv beschrieben: »In einem Swimmingpool hätte ich einen Köpper gemacht. Ich hätte auch Arschbomben gemacht und zwei bis drei Minuten unter Wasser die Luft angehalten.« (S. 8)

Der Ich-Erzähler Anton schildert die Abenteuerheldengeschichte aus seiner ganz eigenen, emotionalen Sicht. Dadurch erhält der Leser unmittelbar Einblick in seine Gedanken- und Gefühlswelt, z.B. S. 39: »Ich kann sehr wütend werden. Es passiert nur manchmal. Und dann ist es so, als ob ich in meinem Bauch den Motor einer Düsenantriebsrakete hätte.« oder S. 69: »Als ich mich das sagen hörte, musste ich weinen.« Die innere Welt der anderen Personen bleibt weitgehend unbekannt, dagegen belegt Anton den Fisch mit menschlichen Attributen, z.B. S. 36: »Den Nachmittag über blieb ich beim Fisch, damit er nicht so alleine war. Wir spielten zusammen Im-Kreis-Schwimmen oder er stand auf der Stelle und ich zeigte ihm mein Computerspiel.« oder S. 69: »Aber Piranha war ein Freund. Er drehte sich um.«

Milena Baischs Erzählstil ist geprägt von der Umgangssprache eines computeraffinen Jugendlichen. Sie verwendet viele Fragen und Ausrufe sowohl in der direkten Rede (z.B. S. 36: »›Was machst du?!‹, rief ich entsetzt.«) als auch im laufenden Text (z.B. S. 83: »Blutstropfen? [...] Halt dich fest, Kapitän!«). Elemente der Comicsprache sowie elliptische Sätze, bildhafte Vergleiche und auch Übertreibungen prägen den Sprachstil der Autorin ebenso wie Wortspiele und Situationskomik. Zahlreiche Dialoge ermöglichen es auch jüngeren Lesern, der Handlung gut zu folgen.

Im Text gibt es drei große und zwei kleine Spannungsmomente. Die drei kleinen sind der erste Kontakt zu den Kindern vom Steg (S. 22ff.), die ersten Erlebnisse am See (S. 27f.) und die erste Begegnung mit dem Fisch (S. 34). Die großen Spannungsmomente sind das Zusammentreffen mit Pudel (S. 73ff., besonders S. 79–81) und wie Anton den Fisch Piranha wieder in den See zurückgibt (S. 90ff., besonders S. 91f.). Gerade hier wird deutlich, dass Anton durch seine Freundschaft mit einem Fisch eine Entwicklung weg von der Fiktion hin zum eigenen Zutrauen in der Wirklichkeit durchlebt.

Themen und Motive

Im Mittelpunkt stehen Antons (Starflashmans) Probleme in der realen Welt. Er hat Ekel vor dem See, den Maden, den Würmern und dem Fisch (z.B. S. 27: »Ich war schließlich Starflashman, und es war ja sowieso nicht so, dass ich Angst vor dem See gehabt hätte. Nur Ekel, es war nur reiner Ekel.«). Dieser stellt sich im Verlauf der Geschichte immer mehr als grundsätzliche **Angst** heraus (S. 67: »Normalerweise sind Enkelsöhne auch cool und springen vom Steg. Nur ich bin nicht so. Ich bin ein Versager.«). Stückchenweise und von Anton ungeplant überwindet er seine Angst: Dreh- und Angelpunkt ist hierfür der Fisch, der schnell zu seinem Freund wird. Der Freund, der gefüttert werden muss, und zwar mit Würmern, und schließlich der Freund, der verteidigt und dann wieder in den See gesetzt werden muss, was Anton zu »Anton unter Wasser« (S. 95) macht.

Ein weiteres zentrales Thema der Geschichte ist die **Freundschaft**. Dabei ist Antons Freundschaft zu dem kleinen Barsch namens Piranha ganz zentral, denn sie ist letztendlich gleichsam der Katalysator seiner Entwicklung und zwingt ihn zum Interagieren mit anderen Kindern (z.B. mit Pudel und Marie). Zwar erfährt der Leser, dass Anton als »Starflashman« sehr viele Freunde im Chat hat und dass er in seinem »normalen Leben niemals losgezogen wäre, um Kinder kennenzulernen« (S. 20), aber gleichzeitig merkt er auch, dass Antons gewohnte Welt die virtuelle Welt ist und er sich im wahren Leben schwertut, Freundschaften zu knüpfen. Besonders deutlich wird dies in den Treffen mit Marie, die mal in der Gruppe, aber auch zufällig unter vier Augen erfolgen. Gerade dann wird es für Anton besonders peinlich.

Womit ein weiterer Aspekt angesprochen wäre: die normale, **reale Welt** einerseits und die **virtuelle Welt** andererseits, deren Inhalte und Einflüsse im Unterricht besprochen und verdeutlicht werden können. Anton spricht anfangs viel von seinen Chatfreunden und Tätigkeiten bei Computerspielen, die er als Starflashman gleichsam erlebt. Sogar für seinen Opa hätte er einen Computerspielnamen parat: Muscleman (S. 32). In vielen kleinen Begebenheiten verschwimmen Realität und Fantasie für den Protagonisten. Häufig ist Piranha daran beteiligt, nicht zu vergessen die Verwandlung von Anton Starflashman hin zu Anton unter Wasser.

Letztlich spielt auch das Thema **Gewalt** eine Rolle. Anton bezeichnet sich selbst an mehreren Stellen als überzeugter Gegner von Gewalt (vgl. z.B. S. 27 und S. 37) und erklärt dem Leser nach einer Andeutung (S. 57: »An einem bestimmten Tag, an dem ich fünf Jahre alt gewesen war, hatte ich einen Schwur geleistet.«) den Grund hierfür: Seine Mutter hatte ihn heftig geschüttelt (S. 78: »An diesem Tag [...] war ich ein Gegner von Gewalt geworden.«). Seitdem hatte sich Anton nie wieder mit jemandem geprügelt. Um seinen Freund Piranha vor Pudels Übergriffen zu retten, bricht er diesen Schwur und modifiziert ihn schließlich: Gewaltanwendung zum Schutz von Freunden ist fortan in Ordnung. Hierbei ist immer die körperliche Gewalt angesprochen. Verbale Gewaltausbrüche sowie Wutanfälle dagegen sind immer wiederkehrende Begleiter in Antons Alltag (z.B. S. 39 und S. 56), mitunter auch eingeleitet durch seine »Düsenantriebsrakete«. Im Unterricht lässt sich allgemein darüber diskutieren, was Gewalt ist, wo sie anfängt, ob bzw. wann sie gerechtfertigt ist und wie man ihr angemessen begegnen kann.

DEUTUNGSPERSPEKTIVEN

U.4

Milena Baischs Kinderroman lässt sich als Plädoyer für Mut verstehen sowie dafür, die eigenen Ängste und Ekel zu überwinden und sich den Anforderungen des Lebens zu stellen. Und dies gerade auch in Bezug auf Freundschaften mit all ihren Risiken.

Die Hauptfigur Anton stolpert unter falschen Vorstellungen in ihre eigene Entwicklungsgeschichte. Zunächst gibt er sich darüber erbost, dass es auf dem Campingplatz keinen Swimmingpool gibt, doch dann erlebt er eine Reihe erster direkter und indirekter Kontakte: Zunächst wagt er sich ganz nah an den verhassten See, dann lernt er die Kinder vom Steg kennen und schließlich beginnt er sogar, selbst zu angeln. Bei allen drei Kontakten ekelt er sich: vor dem Wasser mit all seinen Tieren und Pflanzen, vor den Kindern, die in den See springen, und vor dem Fisch, der aus dem Wasser kommt und glitschig ist. Doch schnell verweben sich diese Schnittstellen.

Eine erste Überwindung seines Ekels erfährt Anton durch seine Freundschaft zum Fisch Piranha, durch die er in einer Konfrontation mit Pudel, einem angeberischen Kind vom Steg, seinen Ehrenkodex (keine Gewalt) brechen und neu verfassen muss (Gewalt zur Verteidigung eines Freundes in Not). Am Ende der Geschichte bringt die Freundschaft zum Fisch Anton dazu, im See zu schwimmen und eine ganz neue Dimension in der Realität kennenzulernen. Dadurch vertieft er auch den Kontakt zu Marie, dem netten Mädchen vom Steg.

So finden wir uns schließlich mit Anton unter Wasser wieder, der die Herausforderungen des wahren Lebens angeht, und sehen uns nicht mehr nur mit Starflashman konfrontiert, der sich hinter seinen Computerspielen, Fantasien und virtuellen Freunden versteckt.

U.5 METHODENKISTE

Die folgende »Methodenkiste« ist als Ideen-Pool zur Planung einer Unterrichtssequenz zum Buch »Anton taucht ab« gedacht. Sie verbindet anzustrebende Kompetenzen im Deutschunterricht mit möglichen Textumgangsweisen im Unterricht zum Roman. Dabei beziehen wir uns auf die von der Kultusministerkonferenz (KMK) verabschiedeten »Bildungsstandards für das Fach Deutsch für den Mittleren Bildungsabschluss«, die die verbindliche Grundlage für alle in den Ländern zu entwickelnden Lehr- und Bildungspläne in der Sekundarstufe I darstellen.

In der rechten Spalte geben wir jeweils mögliche Beispiele für eine konkrete Umsetzung im Unterricht. Hier finden sich auch Verweise zu den Kopiervorlagen und Infoblättern in diesem Heft. Zahlreiche methodische Möglichkeiten sprechen mehrere Bildungsstandards an. Wir haben uns zum Zweck der Übersichtlichkeit jeweils für einen Bildungsstandard des Bereiches 3.3 (»Lesen – mit Texten und Medien umgehen«) entschieden. Häufig lassen sich auch evidente Bezüge zu den Bildungsstandards der anderen Bereiche herstellen.

Einige Methoden finden sich in allen drei Niveaustufen der jeweiligen Kopiervorlagen wieder, manche werden dem Schwierigkeitsgrad entsprechend nur in bestimmten Niveaustufen berücksichtigt. Die hier genannten Seitenangaben beziehen sich auf die Originalausgabe.

Darüber hinaus stehen die vorgeschlagenen Methoden in Verbindung mit einem fächerübergreifenden Ansatz (v. a. mit Ethik, Religion, Englisch oder anderen Fächern), den Sie je nach Klassensituation, Vorwissen und Interessen der Schüler modifizieren können.

Bildungsstandards	Methoden	Beispiele
→ Verschiedene Lesetechniken beherrschen		
• Über grundlegende Lesefertigkeiten verfügen: flüssig, sinnbezogen, überfliegend, selektiv, navigierend lesen	• Ein Kapitel bzw. eine besonders wichtige oder spannende Stelle vorlesen • Die Auswahl individuell begründen	• Textstellen nach Wahl der Schüler, z. B. Antons Kampf mit Piranha (S. 76–79)
	• Einen Textausschnitt mit verteilten Rollen lesen	• Alle Textstellen, die Dialoge aufweisen, z. B. – Antons erste Begegnung mit Marie (S. 47–50) – Antons zweite Begegnung mit Pudel → **K.5** – Antons Abschied (S. 98–100)
	• Bestimmte Textinhalte auffinden	• Mit dem Zeilometer arbeiten → **K.1** • Warum hasst Anton den See? → **K.4** • Was fressen Raubfische? → **K.6** • Anton unter Wasser → **K.9**
	• Ein Kapitel oder einen Textabschnitt gestaltend vorlesen und aufnehmen	• Der Fisch im Gurkenglas (S. 42–43)
→ Strategien zum Leseverstehen kennen und anwenden		
• Leseerwartungen und -erfahrungen bewusst nutzen	• Antizipation des Handlungsverlaufs	• Vermutungen zum Titelbild (Impulsfragen: Ort/Zeit der Handlung, Bedeutung der Gegenstände, farbige und graue Elemente) • Vermutungen zum Titel • Umschlagtext lesen, Stichwörter zu möglichem Inhalt erstellen und während des Lesens überprüfen • Vermutungen, wem Anton die Geschichte erzählt → **K.3**
	• Eine Mindmap/einen Cluster mit Assoziationen erstellen (Impulse durch Titel, Umschlagbild, Umschlagtext, Autor); damit einhergehend eine Leseerwartung aufbauen, Vorwissen aktivieren; ein Lesemotiv formulieren	• Ekel und Überwindung • Freundschaft • Virtuelle Welt und Realität • Gewalt

Bildungsstandards	Methoden	Beispiele
	• Bezüge zur eigenen Lebenswirklichkeit herstellen	• Einschlafrituale → k.3 • Großeltern finden andere Dinge gut als Anton → k.4 • Ekelgefühle → k.6 • Lügen → k.7 • Antons Wutanfälle → k.9
• Wortbedeutungen klären	• Nachschlagen im Wörterbuch • Mitschüler/Erwachsene befragen • Internetrecherche	• Starflashman, weitere englische Wörter → k.3 • Abgrenzung Angst und Ekel → k.6 • Versager → k.7 • Klärung schwieriger Begriffe → k.9
	• Helfersystem untereinander	• »Leine für schwierige Wörter«, Wort-, Bild- und Textelemente zur Erklärung schwieriger Begriffe für Schüler auf G-Niveau erstellen
• Textschemata erfassen, z. B. Textsorte, Aufbau des Textes	• Die Erzählkonstruktion analysieren	• Rückblenden im Roman auffinden • Äußere und innere Handlung
	• Text und Illustration in Verbindung bringen	• Grafische Elemente als Einteilung erkennen: Abschnitte (→ Beginn mit Großbuchstaben) und Kapitel (→ Beginn mit Bild)
• Verfahren zur Textstrukturierung kennen und selbstständig anwenden	• Wesentliche Textstellen kennzeichnen	• Arbeit mit dem Zeilometer → k.1
	• Den Text gliedern	• Gründe, Opa auf den Angelplatz zu begleiten → k.5 • Stichwörter ordnen • Tabellarische Kapitelübersicht → i.4
	• Kapitel- bzw. Abschnittsüberschriften formulieren, austauschen und diskutieren	• Überschriften zu einzelnen bzw. allen Kapiteln verfassen (vgl. → i.6)
	• Fragen aus dem Text ableiten	• Anton als »Gegner von Gewalt«? • Rolle des Fisches für Antons Entwicklung?
	• Bezüge zwischen Textteilen herstellen	• Antons Begegnungen mit Pudel • Beziehung Anton/Marie (ganzer Roman) • Antons Schilderungen aus der virtuellen Welt • Rolle der Großeltern
• Verfahren zur Textaufnahme kennen und nutzen	• Texte und Textabschnitte stichwortartig zusammenfassen	• Eindrücke unter Wasser (S. 91) → k.9
	• Eine Inhaltsangabe mithilfe von Satzstreifen oder anderen Hilfsmitteln erstellen	• Gespräch zwischen Anton und seinem Opa (S. 61 f.) • Anton als Gegner von Gewalt? (S. 78) → k.8
	• Eine wichtige Textstelle visualisieren	• Wutanfall vor der Heimfahrt → k.9
	• Fragen zum Text beantworten	• Gründe für Antons Abneigung gegen den See → k.6 • Power Racer → k.5
	• Einen Lückentext bearbeiten	• Inhaltsangabe zum Roman als Lückentext
	• Aussagen erklären und konkretisieren	• »Und dann ist es so, als ob ich in meinem Bauch den Motor einer Düsenantriebsrakete hätte.« (S. 39) • »Ich bin Starflashman« (S. 47)
	• Stichwörter formulieren und damit ein Kapitel nacherzählen	• Für gesamten Roman möglich (Lesetagebuch → k.2)
→ Literarische Texte verstehen und nutzen		
• Ein Spektrum altersangemessener Werke	• Leben und Werk der Autorin kennenlernen	• Die Autorin → i.1 • Interview mit Milena Baisch → i.3
• Zentrale Inhalte erschließen	• Ein Unterrichtsgespräch zum Text anhand von Leitfragen führen	• Kennenlernen neuer Freunde → k.5 • Bedeutung des Fisches für Anton • Antons Lügen → k.7 • Anton als »Gegner von Gewalt« → k.8 • Unterschiede zwischen Anton und dem Pudel

Bildungsstandards	Methoden	Beispiele
• Zentrale Inhalte erschließen (Forts.)	• Einsatz anderer Medien/inhaltlich entsprechend orientierter Zusatztexte zur Erarbeitung der Romanthemen	• Filme, Hörfunkbeiträge, Zeitschriftenartikel und Internetquellen zu den Themen des Romans
	• Texte mit eigenen Worten wiedergeben	• Vorgelesenes erzählen (z. B. vom Hörbuch) • Tandemlesen
• Wesentliche Elemente eines Textes erfassen, z. B. Figuren, Raum- und Zeitdarstellung, Konfliktverlauf	• Den zeitlichen Verlauf des Romans erarbeiten und darstellen	• Kapitelübersicht zum Roman → **i.4** • Überblicksplakat zum Roman gestalten • Einen Zeitstrahl zur Verdeutlichung der Ereignisse erstellen
	• Eine Figurenkonstellation/ein Soziogramm erarbeiten	• Figurenkonstellation → **i.6**
	• Die Beziehung zwischen Figuren herausarbeiten	• Anton und seine Großeltern • Anton und der Pudel sowie Anton und Marie zu Beginn und am Ende des Romans (verschiedene Entwicklungen) • Bedeutung des Fisches für Anton (ganzer Roman)
	• Figuren charakterisieren; relevante Textstellen mithilfe der Kapitelübersicht auffinden → **i.4**	• Anton überwindet seine Ängste • Sorgen der Großeltern um Anton • Begegnungen mit Gewalt in Antons Biografie sowie auf dem Campingplatz
• Wesentliche Elemente eines Textes erfassen (Forts.)	• Handlungsräume analysieren, auch hinsichtlich der Symbolik	• Der See auf dem Campingplatz, das Ufer und der Steg • Der Waschraum • Das Gurkenglas und das Waschbecken als Seeersatz für den Fisch
	• Ein Thema bzw. Motiv über den ganzen Roman hinweg verfolgen	• Bedeutung der Freundschaft zu einem Tier → **k.9**
	• Den Konfliktverlauf zwischen Figuren grafisch bzw. verbal darstellen	• Beziehungskurve Anton/der Pudel • Verhältnis zwischen Anton und Oma/Opa → **k.9**
• Wesentliche Fachbegriffe zur Erschließung von Literatur kennen und anwenden	• Die Erzählperspektive wechseln: eine Textstelle aus anderer Perspektive erzählen	• Beim zweiten Konflikt zwischen Anton und dem Pudel aus Opas Sicht erzählen → **k.6** • Antons erste Fahrt mit Piranha über dem Campingplatz aus Sicht eines Campingplatzbewohners (S. 42–50) • Antons gewalttätige Begegnung mit dem Pudel im Waschhaus aus Sicht des Pudels (S. 73–85)
	• Äußere und innere Handlung unterscheiden	• Anton unter Wasser: Realität und Gedankenwelt unterscheiden → **k.9**
	• Leerstellen des Romans füllen	• »Einige Tage passierte nichts Besonderes.« (S. 70): fiktive Erlebnisse beschreiben
	• Den Spannungsverlauf untersuchen/eine Spannungskurve erstellen	• Antons Begegnung mit dem Pudel im Waschhaus → **k.8** • Gründe für Antons Wutanfälle im ganzen Roman
	• Einen inneren Monolog einer Figur verfassen	• Tagebucheinträge der Figuren am Romanende
• Sprachliche Gestaltungsmittel in ihren Wirkungszusammenhängen und in ihrer historischen Bedingtheit erkennen, z. B. Wort-, Satz- und Gedankenfiguren, Bildsprache (Metaphern)	• Die Namen von Figuren oder Schauplätzen unter die Lupe nehmen	• Starflashman • Piranha (S. 42 f.) • Bösbock im Computerspiel (S. 59)
	• Sprachliche Bilder/Metaphern und mögliche Symbole im Text erkennen, ihre Bedeutung verstehen und über ihre Leistungen diskutieren	• See, Ufer und Steg: Bedeutung als Handlungsorte in Bezug zu Antons Gefühlen setzen und daraus resultierende Symbolik diskutieren

Bildungsstandards	Methoden	Beispiele
	• Stilaspekte untersuchen	• Rückblenden auffinden • Spannungskurve erstellen (ganzer Roman) und dazu passende Stilmittel herausfinden • Äußere und innere Handlung untersuchen • Anglizismen sammeln und Verbindung zu Antons Computerwelt herstellen • Rhetorische Fragen finden und die Wirkung untersuchen
• Eigene Deutungen des Textes entwickeln, am Text belegen und sich mit anderen darüber verständigen	• Eine kontroverse Diskussion zu bestimmten Aspekten oder Figuren führen	• Anton ein Gegner von Gewalt? (Rolle verbaler Gewalt in Antons Verhalten) • Diskrepanz zwischen virtueller und realer Welt Antons • Braucht ein Mensch Freunde? → **k.4**
	• Mittels Alter-Ego-Technik die möglichen Gedanken von Figuren darstellen	• In Opas Rolle schlüpfen → **k.6** • Warum lügt Anton seinen Opa an? → **k.7** • Reaktion der Leute auf Antons Power Racer (S. 26 f.) • Maries Gedanken bei Störung durch Anton (S. 47 f.)
	• Den Spannungs- bzw. Stimmungsbogen des Romans/eines Kapitels grafisch darstellen	• Beginn der Ferien auf dem Campingplatz (S. 5–9) • Sprung über den Steg in den See am Ferienende (S. 101–102)
	• Eine Rezension zum Roman verfassen	• Rezensionen im Internet recherchieren • Eine eigene Rezension verfassen
• Analytische Methoden anwenden	• Den Inhalt eines Textabschnitts rekonstruieren und wiedergeben	• Anton denkt an seine Eltern → **k.3** • Power Racer → **k.5**
	• Den antizipierten und realen Handlungsverlauf vergleichen	• Erwartungen aus der Betrachtung des Covers im Roman wiederfinden • Vermutungen aus → **k.3** überprüfen und reflektieren
	• Untersuchen, wie im Text Spannung erzeugt wird	• Frage- und Ausrufesätze finden und hinsichtlich der sprachlichen Wirkung analysieren (ganzer Roman)
	• Ein Kapitel mit einem subjektiven »Untertext« versehen	• Opas Fischfang und Verwendung als Köder (S. 36 f.)
	• Handlungsmotive einer Figur herausarbeiten	• Notlügen → **k.7** • Antons ablehnende Haltung gegnüber Pudel
	• Textstellen interpretieren und mit eigenen Worten erklären	• Unterschiedliche Vorstellungen von gelungenen Ferien → **k.4** • Antons Selbstbild als Versager? → **k.7**
	• Den thematischen Hintergrund des Romans erhellen	• Freundschaft • Gewalt in der Familie → **k.8**
	• Eine gemeinsame Reflexion der Lektüre durchführen	• Feedback-Bogen → **k.10** • Bei einem Abschlussgespräch Einschätzungen und Bewertungen austauschen
• Produktive Methoden anwenden	• Ein eigenes Lesetagebuch bzw. einen Leseordner zum Roman führen	• Ideen für ein Lesetagebuch → **k.2** • Eigenes Cover gestalten während bzw. nach der Lektüre
	• Eine Leserolle gestalten	• Eigene Bilder aneinanderreihen und in eine selbst gestaltete Leserolle einfügen
	• Einen Comic oder eine Fotostory zu einem Kapitel des Romans erstellen	• Antons erster Tag auf dem Campingplatz • Anton unter Wasser
	• Einen Steckbrief zu einer Figur erstellen	• Anton, Pudel, Marie • Suchplakat/Steckbrief/Standbild → **k.9**

Bildungsstandards	Methoden	Beispiele
• Produktive Methoden anwenden (Forts.)	• Ein fiktives Interview mit einer Figur führen	• Interviews mit den Figuren am Ende des Romans • Interview mit anderen Campingplatzbesuchern
	• Einen fiktiven Dialog zwischen Romanfiguren verfassen	• Antons und Maries Unterhaltung nach dem Kampf im Waschhaus • Anton mit seinem Opa über den Fisch als Freund
	• Gedanken und Gefühle der Figuren imaginieren	• Antons Kampf mit dem Pudel im Waschhaus • Omas und Opas Suche nach Anton am Abreisetag
	• Den Roman weiterdenken und -schreiben	• Antons Reise im kommenden Jahr zu dem Campingplatz
	• Eine Textstelle weiterschreiben	• Der Abend am Wohnwagen, als Anton seinen Fisch im Eimer mitgenommen hatte (S. 38) • Antons erster Ausflug mit Piranha im Gurkenglas auf dem Campingplatz (S. 44)
	• Eine Textstelle umschreiben	• Der Pudel geht nicht, sondern streitet sich offen mit Anton unter Opas Beisein (S. 57 f.)
	• Standbilder prägnanter Szenen darstellen und erraten lassen	• Opa beim Fangen des Fisches • Antons Gespräch mit Piranha dicht am Gurkenglas (S. 68)
• Produktive Methoden anwenden (Forts.)	• Einen Brief an eine Figur verfassen	• An die Großeltern, als sie sich nach dem ersten Tag Sorgen um Anton machen (S. 17–19) • An Anton nach den Ereignissen im Waschhaus • An Marie nach der ersten Begegnung mit Anton (S. 22–25) • An die Eltern am Ende des Romans
	• Zu einem Kapitel einen Tagebucheintrag verfassen	• Anton am ersten Abend (bis S. 9) • Pudel nach dem Kampf im Waschhaus
	• Eine Ich-Erzählung einer Figur verfassen	• Begegnungen mit Anton aus Pudels Sicht
	• Eine Reportage bzw. einen Zeitungsbericht über eine Textstelle verfassen	• Suche nach Anton, nach Auffinden seiner Kleidung am Ufer des Sees • Blutiger Kampf zwischen Anton und dem Pudel
	• Ein literarisches Rollenspiel z. B. zu einer Szene durchführen	• Antons Umgang mit dem Fisch • Antons Wutanfall → **k.9**
	• Einen Handlungsort oder eine Szene malen, zeichnen oder nachbauen	• Anton unter Wasser • Piranha im Gurkenglas auf dem Power Racer
	• Eine thematische Aktion durchführen	• Gewalt in der Familie – Hilfe für Kinder • Freundschaft – auch mit Tieren? • Leben in der virtuellen Welt
	• Ein Rätsel zu einem Kapitel oder zum Roman erstellen bzw. lösen	• Kreuzworträtsel • Silbenrätsel
	• Ein alternatives Titelbild erstellen	• Bildmaterial über Bildagenturen • Weitere Buchstaben des Titels illustrativ gestalten • Als Cover für das Lesetagebuch oder als Umschlag für die Leserolle
	• Ein Plakat bzw. eine Collage zum Buch erstellen	• Mit Zeichnungen, Zeitschriftenausschnitten, Textzitaten etc. • Zum Thema Gewalt → **k.8**
	• Ein Hörspiel verfassen	• Anton mit Opa beim Angeln • Anton trifft auf Marie beim Pinkeln im Gebüsch
	• Ein Gedicht zu einem Kapitel verfassen	• Freundschaft • Entweder aus der Perspektive einer Figur (lyrisches Ich) oder aus der eines allwissenden Autors • Gedicht mit allen Sinnen

Bildungsstandards	Methoden	Beispiele
• Handlungen, Verhaltensweisen und Verhaltensmotive bewerten	• Sympathie/Antipathie zu den Figuren thematisieren	• Sympathiekurven zu Figuren erstellen
	• Zu den Romanfiguren Stellung beziehen, ihr Verhalten und Handeln bewerten und kommentieren	• Umgang zwischen dem Pudel und Anton • Antons Verhältnis zu Marie • Antons Lügen gegenüber Oma und Opa → **k.7**
→ Sach- und Gebrauchstexte verstehen und nutzen		
• Hintergrundinformationen suchen, verstehen, auswerten und vergleichen	• Eine Collage erstellen	• Freundschaft und Liebe • Kinder und Großeltern • Ängste überwinden
→ Medien verstehen und nutzen		
• Informationsmöglichkeiten nutzen	• Internet- und Buchrecherche zu Themen des Romans	• Literatur und Informationen zum Thema Angst und Ekel → **k.6** • Freundschaft • Jugendliche in der virtuellen Welt
	• Angebote in Zeitungen und Zeitschriften, in Hörfunk und Fernsehen, auf Ton- und Bildträgern sowie im Netz kennen, nutzen und begründet auswählen	• Verschiedene Informationen zur Autorin Milena Baisch (z. B. www.milena-baisch.de) und zur Illustratorin Elke Kusche sammeln und Übersichten gestalten • Hörbuch mit literarischer Vorlage vergleichen
• Medien zur Präsentation und ästhetischen Produktion nutzen	• Wandzeitungs- oder Plakatpräsentationen, einzeln oder in Gruppen • Powerpoint-Präsentationen bzw. Hypertexte erarbeiten, vorstellen und reflektieren	• Die Autorin • Sprachbilder und Symbole • Umgang mit Gewalt

VORSCHLAG FÜR EINE UNTERRICHTSEINHEIT: »ANTON TAUCHT AB« IN INKLUSIVEN KLASSEN

u.b

Jede Unterrichtseinheit zu einem Jugendroman nimmt sinnvollerweise Bezug auf die konkreten Lernvoraussetzungen Ihrer Schüler:innen, aber auch auf Ihre eigenen Erfahrungen und Planungsziele. Wir möchten Ihnen hier ein Grobraster für eine Unterrichtseinheit zu »Anton taucht ab« vorstellen. Die Einheit besteht aus vier unterschiedlichen Modulen:

- Modul A: Den Kinderroman lesen und erarbeiten
- Modul B: Thematische Aspekte bearbeiten
- Modul C: Freie Arbeit rund um den Kinderroman
- Modul D: Reflexion der Lektüre und der eigenen Arbeitsweise

Empfehlenswert ist der Einsatz eines Lesetagebuchs. Mit diesem Medium können die Schüler ein erweitertes Textverständnis erzielen und ihr persönliches Leseerlebnis intensivieren, da sie sich mehr und auf vielfältigere Art und Weise mit dem vorliegenden Buch auseinandersetzen. Eigene Ideen und Gedanken, aber auch Infoblätter, Kopiervorlagen aus diesem Heft und Zusatzmaterial können darin gut gesammelt werden.

Die Kopiervorlagen auf drei Niveaustufen bieten gerade den Lehrer:innen, die in inklusiven bzw. stark heterogenen Klassen unterrichten, die Möglichkeit, alle Schüler:innen individuell zu fördern und ihnen Erfolgserlebnisse im Umgang mit dem Buch zu ermöglichen.

Die Materialien bieten neben niveauunterschiedlichen Lernphasen in Einzel-, Partner- oder Gruppenarbeit immer wieder auch gemeinsame Phasen, in denen sich alle Schüler:innen der Lerngruppe über ihre Leseprozesse gemeinsam verständigen können. Fragestellungen, die auf allen drei Niveaustufen bearbeitet werden, sind entsprechend gekennzeichnet (■).

Die Schüler:innen, die auf dem grundlegenden Niveau lernen, arbeiten mit der vereinfachten Textfassung »Anton taucht ab. In Einfacher Sprache«. Einfache Sprache entspricht dem Sprachniveau A2/B1 und richtet sich an Kinder mit LRS oder geringen Deutschkenntnissen.

Die Kopiervorlagen des G-Niveaus (k.1) beziehen sich auf diese Textfassung, die Kopiervorlagen des M-Niveaus (M = mittleres Niveau) (k.1) und des E-Niveaus (E = erweitertes Niveau) (k.1) auf die andere Textfassung.

Einstiegssequenz

- Gemeinsames Betrachten des Buchcovers, Vermutungen zu Titel und Titelbild anstellen, Fragen »an den Roman« stellen → auf Fragewand festhalten (Fokus auch auf Krokodil)
- Assoziationen zum Umschlagtext stichwortartig auf einem Plakat sammeln und im Plenum präsentieren (PA/Marktplatz) bzw. aufhängen
- Erstellen des Zeilometers (**k.1**)
- Das Lesetagebuch vorstellen (**k.2**) und anlegen
- Erster gemeinsamer Blick ins Buch

Modul A: Den Kinderroman lesen und erarbeiten

- Lektüre der Erzählung teils häuslich (z. B. mit Notizen ins Lesetagebuch oder ins Heft), teils im Unterricht (Vorlesen durch Lehrer:in und Schüler:innen, stille/freie Lesephasen/CD)
- Schwerpunktmäßige Bearbeitung des Romans mithilfe der Kopiervorlagen → **k.2** bis **k.9**
- Weitere Anregungen aus der »Methodenkiste« in diesem Heft → **u.5**

Modul B: Thematische Aspekte bearbeiten

- Präsentation der Arbeitsergebnisse, z. B. durch Plakatvortrag, Powerpoint-Präsentation, Wandzeitung etc.
- Filmdreh (Smartphone), szenische Darstellungen

Modul C: Freie Arbeit rund um den Kinderroman

- An unterschiedlichen, selbst gewählten Themen in Einzel-, Partner- bzw. Gruppenarbeit arbeiten
- Lesetagebuchlotterie
- Lesekoffer/-kiste mit Schülern zusammenstellen: Lektüre weiterer Bücher, die sich mit dem Thema Angst und Ekel beschäftigen (z. B.: R. Schami/ K. Schärer: »Hast du Angst?«)
- Eigene Texte (Prosa/Lyrik) zum Thema Angst/Ekel verfassen

Modul D: Reflexion der Lektüre und der eigenen Arbeitsweise

- Präsentation/Ausstellung von Arbeitsergebnissen aus den Lesetagebüchern/Plakaten etc.
- Über eigenes Arbeiten nachdenken
- Verfassen einer Rezension zum Roman
- Abschließendes Gespräch über die subjektiven Leseeindrücke und Bewertungen der Schüler:innen
- Bewertung des Romans anhand des Feedback-Bogens (**k.9**)

Im Rahmen der vorliegenden Unterrichtseinheit wäre auch die Zusammenarbeit mit einer Theaterpädagogin/einem Theaterpädagogen denkbar, die/der mit den Schüler:innen nochmals das Thema Angst herausarbeitet und den Bezug zu eigenen Ängsten herstellt.

Infoblätter

© Hansi Oostinga

DIE AUTORIN MILENA BAISCH

i.1

Milena Baisch wurde 1976 in Bochum geboren und wuchs in Wuppertal auf. Wie ihre Mutter, ebenfalls eine Kinderbuchautorin, begann Milena Baisch, sich schon nach der Schule Kindergeschichten auszudenken. Außerdem studierte sie Drehbuch an der Filmakademie in Berlin.

Heute lebt sie als freie Autorin mit ihrer Katze in einem kleinen Dorf in der Nähe von Berlin. Neben Drehbüchern für Film und Fernsehen hat sie seit ihrem ersten Kinderbuch, das 1995 erschien, bereits zahlreiche Bilderbücher sowie Vorlese- und Erstlesegeschichten veröffentlicht.

Mehr zur Autorin unter www.milenabaisch.de.

Werke (Auswahl)

- **Blumen im Bauch.** Hamburg: Klopp, 2007.
- **Drachengeschichten für 3 Minuten.** Würzburg: Arena, 2008.
- **Anton taucht ab.** Weinheim/Basel: Beltz & Gelberg, 2010.
- **Prinzessinnengeschichten für 3 Minuten.** Würzburg: Arena, 2011.
- **Anton macht's klar.** Weinheim/Basel: Beltz & Gelberg, 2012.
- **Anton taucht ab. In Einfacher Sprache.** Weinheim/Basel: Beltz & Gelberg, 2018.

Preise für »Anton taucht ab«

2010 »Schönstes deutsches Buch 2010« als eines von acht Preisträgern in der Gruppe Kinder- und Jugendbücher

2010 Die besten 7 Bücher für Junge Leser (Deutschlandfunk)

2011 Deutscher Jugendliteraturpreis

ZUR ILLUSTRATORIN

i.2

Elke Kusche wurde 1980 in Karl-Marx-Stadt, dem heutigen Chemnitz, geboren. Sie studierte von 2000 bis 2006 Visuelle Kommunikation mit dem Schwerpunkt Illustration an der Bauhaus-Universität in Weimar.

Sie kann erfolgreiche Teilnahmen an Projekten, Wettbewerben und Stipendien vorweisen.

Seit 2006 arbeitet sie als freie Illustratorin in Weimar.

INTERVIEW MIT MILENA BAISCH: »MICH HAT ES INTERESSIERT, WIE SICH SO EIN JUNGE VON INNEN ANFÜHLT.«

i.3

Milena Baisch über die Entstehung von »Anton taucht ab«, Jungs und Tipps zum Schreiben

Was war für Sie der Auslöser, »Anton taucht ab« zu schreiben?

Es war in einem ganz besonders heißen Sommer, als ich den Auftrag hatte, ein Weihnachtsbuch zu schreiben. Einige Stunden am Tag konzentrierte ich mich mit aller Kraft auf Schnee und Weihnachtsmänner, aber spätestens gegen Mittag konnte ich nicht mehr und musste in den nächsten See springen. Da hatte ich dann große Lust auf eine Sommergeschichte. Und ich wunderte mich darüber, dass das Wasser am Rand durchsichtig ist und in der Mitte so dunkel ...

War es für Sie schwierig, aus Antons Perspektive bzw. der eines Jungen zu schreiben?

Nein. Ich wollte gerne aus der Ich-Perspektive schreiben, und ich wollte keinen braven Jungen haben. Es gibt ja gar nicht so wenige Jungs, die Eigenschaften wie Anton haben: Sie kriegen Wutanfälle, sie essen immer das größte Eis, und sie fahren mit ihren ferngesteuerten Geländewagen anderen Leuten in die Hacken. Viele Leute schimpfen über diese Kinder. Aber mich hat es interessiert, wie sich so ein Junge von innen anfühlt. Dann habe ich mir selbst eine Aufgabe gestellt: Ich stelle mir vor, ich wäre so ein Junge und müsste in der Schule einen Aufsatz über einen Zoobesuch schreiben. Ich habe einfach herumprobiert und mehrere Zoo-Aufsätze geschrieben. So entstand Antons Stimme. Bei seinem Zoobesuch hat er sich gleich derbe Actiondramen im Löwenkäfig ausgedacht. Das hat so einen Spaß gemacht, dass ich wusste: Das ist er, mit dem zusammen schreibe ich jetzt ein Buch.

Wie häufig und gern haben Sie den Text überarbeitet?

Ich habe ihn nicht häufig überarbeitet. Es gab eine größere Überarbeitung, nachdem meine Agentin ein paar Anmerkungen gemacht hat. Danach erst habe ich es Verlagen angeboten. Und da war dann nicht mehr viel zu machen. Das liegt wahrscheinlich daran, dass ich das Buch sehr langsam geschrieben habe. Ich hatte mir vorgenommen, jeden einzelnen Satz zu genießen. Man schreibt nur das auf, was einem wirklich, wirklich, wirklich gefällt, und das ist dann manchmal nicht viel an einem Tag.

Anton ist den Großeltern gegenüber ziemlich ruppig. Haben manche Erwachsene damit ein Problem?

Manche Erwachsene sagen, dass ihnen die Großeltern leidtun. Aber mir tun sie nicht leid, schließlich kriegt die Oma sogar einen Handkuss von Anton! Sie sind tolle Großeltern, weil sie nicht den ganzen Tag auf dem Kind herumschimpfen. Sie verstehen, dass Anton manchmal Wutausbrüche braucht.

Welche Erfahrungen haben Sie bereits gemacht, wenn Sie die Geschichte vor Kindern lesen? Welche Textstelle(n) wählen Sie dafür aus?

Eine schöne Erfahrung ist, dass viele Jungs sich total freuen, sobald im Text etwas mit Autos vorkommt. Wenn ich nur sage »Fünfhunderttausend km/h!«, dann lachen sie sich kaputt. Bei den Lesungen lese ich auch unbedingt die Stelle, in der Marie im Gebüsch pinkelt. Da vergessen die Kinder manchmal vor Schreck zu atmen! Aber dann lachen wir alle zusammen über die Klugscheißaaaa-Marie, und alles ist wieder gut. Ich unterhalte mich auch gerne mit Kindern über eklige Sachen in Seen. Viele haben schon wirklich fiese und horrormäßige Geschichten mit Krebsen, Quallen und Wasserschlangen erlebt.

Welche Aussage bzw. Botschaft wollten und wollen Sie unbedingt verstanden wissen?

Ich möchte, dass man sich darüber Gedanken macht, was Gewalt ist und ob Gewalt nur böse ist. Kinder, besonders Jungs, bekommen immer eingebläut, dass sie nicht hauen dürfen. Aber ihre Vorbilder sind Actionhelden aus Filmen und Computerspielen, die großzügig austeilen. Das ist schwierig, wenn die Kinder sich damit identifizieren, aber dauernd von Erwachsenen dafür ausgeschimpft werden. Ich denke, es ist manchmal auch notwendig, seine Positionen mit dem ganzen Körper zu vertreten. Mit lauter Stimme, mit Selbstbewusstsein, und wenn es gaaaaar nicht anders geht, eben vielleicht auch mal mit einem Kinnhaken, so wie Anton es macht. Ich will nicht zu Gewalt aufrufen, aber ich würde es schön finden, wenn die Kinder lernen, darüber nachzudenken und bewusst damit umzugehen. Zu Beginn der Geschichte ist Anton in seiner Fantasie ein Actionheld und im wahren Leben ein »Versager«. Seinen Platz in der Gesellschaft kann man aber nicht nur in der Fantasie finden, den muss man sich im wahren Leben suchen und manchmal auch erkämpfen.

Elke Kusche hat Ihr Buch illustriert. Wie kam es zu dieser Zusammenarbeit?

Der Verlag hat Elke Kusche angesprochen, ich kannte sie vorher nicht. Aber ich bin sehr froh, denn ihre Bilder sind absolut perfekt für das Buch!

Sie schreiben auch Drehbücher. Haben Sie beim Schreiben von Romanen das Geschehen als Film »im Kopf«?

Ich habe Drehbuchschreiben studiert, und das hilft mir sehr bei den Kinderbüchern. Man übt, möglichst deutlich Gefühle in einem Moment zu konzentrieren. Ein kurzer Augenblick, in dem etwas Entscheidendes passiert, kann viel mehr erzählen und einen viel stärker berühren als lauter Seiten voll Blabla ... Darum sage ich auch Leuten immer, wenn sie um einen Rat zum Schreiben fragen: »Schreibt nur, was euch wirklich gefällt. Wenn ihr schon beim Schreiben findet, dass etwas Blabla ist, dann brecht ab und macht an der Stelle weiter, die ihr selber spannend findet. Die Leser kapieren das schon. Und sie sind euch dankbar!«

Interview: Christina Buck und Regine Schäfer-Munro, Juni 2011

i.4 Tabellarische Kapitelübersicht

Die Seitenzahlen für die Originalausgabe stehen immer an erster Stelle, es folgen die Seitenangaben für die Ausgabe in Einfacher Sprache.

Erzähltes Geschehen, das sich nur in der Originalausgabe findet, steht jeweils in Klammern.

Kapitel	Seite	Erzähltes Geschehen
1	5–9 5–7	Anton erzählt seine Geschichte: Er fährt mit den Großeltern in den Ferien auf einen Campingplatz. Dort gibt es keinen Swimmingpool. Anton ist entsetzt und guckt den Rest des Abends beleidigt einen Actionfilm. Dabei fühlt er sich sehr einsam.
2	10–14 8–10	Am nächsten Morgen wird Anton von Opa geweckt, der seine Würmer fürs Angeln sucht. Davor ekelt sich Anton sehr und flitzt (über das Dach) zum Ausgang (, um zum Frühstückstisch zu kommen, der vor dem Wohnwagen steht). Später machen sich Oma und Opa fertig, um zum See zu gehen, Anton möchte aber nicht mit. Das gibt Ärger und obwohl er beleidigt ist, trottet er schließlich mit. Den Großeltern gefällt es dort, bei Anton verstärkt sich der Hass auf den See und er hält Abstand.
3	15–19 11–13	Anton beschreibt, wie sehr er sich vor dem See ekelt, besonders vor allen Tieren und Pflanzen im Wasser. Um Oma nicht beim Schwimmen zusehen zu müssen, setzt er eine Sonnenbrille auf und hält ausreichend Abstand zum See. Am Abend herrscht schlechte Stimmung. Die Großeltern möchten mit Anton spielen (, er will aber lieber fernsehen). Sie machen sich Sorgen, weil Anton nicht geschwommen ist. Durch das Versprechen, am nächsten Tag andere Kinder kennenzulernen, versucht Anton, Oma und Opa zu besänftigen.
4	20–25 14–18	Am nächsten Tag zieht Anton mit seinem ferngesteuerten Auto – dem Power Racer X3C (, den er selbst zusammengebaut hat) – los und erkundet damit die Gegend. Er trifft fünf Kinder am Steg, die ständig ins Wasser springen. Anton lernt ein Mädchen kennen und einen angeberischen Jungen, den er Pudel nennt. Durch den Versuch, cool zu sein, macht er sich Pudel zum Feind.
5	26–29 19–20	Anton meidet (sowohl seine Großeltern als auch) das Seeufer, wo die Kinder ins Wasser springen. Er beschließt auch, sich vor Pudel zu verstecken, um sich nicht prügeln zu müssen. Auf der Erkundung der Wege rund um den See kommt er dem Wasser sehr nahe. Anton (verliert sich in Fantasien als Starflashman und) ist, in Gedanken versunken, kurz davor, seinen Zeh ins Wasser zu halten. Ein Frosch bringt ihn in die Realität zurück und er ist froh, dass er immer noch im Trockenen steht.
6	30–34 21–24	Am nächsten Tag geht Anton zusammen mit seinem Opa in Badehose und mit einem Computerspiel zum Angeln, um Pudel nicht zu begegnen. Er ekelt sich vor dem Köder-Wurm und bekommt fast eine Panikattacke, als Opa einen Fisch fängt. Dieser wandert in einen blauen Eimer, der genau zwischen Anton und der Kühlbox steht. Es ist ein sehr heißer Tag und so überwindet er sich nach längerer Zeit, zur Kühlbox zu gehen. Natürlich fällt sein Blick dabei auch auf den Fisch. Er interessiert Anton immer mehr.
7	35–41 25–29	Anton beobachtet den Fisch und ist sehr fasziniert von ihm. Er sieht ihn schon als Spielkameraden. Am späten Nachmittag will Opa wieder gehen. Da der Fisch zu klein ist zum Essen, soll er als Köder dienen. Anton ist entsetzt und er erreicht, dass er den Fisch mitnehmen darf. Am nächsten Morgen bekommt Anton einen Wutanfall, da Opa den Fisch nun töten möchte. Er wird seinen Großeltern gegenüber ausfallend, schmeißt Sachen um und seine Wut generalisiert sich auf seine Situation auf dem Campingplatz. Schließlich versteckt er sich mit dem Fisch unter dem Wohnwagen. (Oma bittet Antons Mutter um Rat. Sie empfiehlt, Anton einzusperren, bis er sich wieder beruhigt hat. Die Großeltern jedoch reagieren anders:) Die Großeltern lassen Anton erst einmal in Ruhe. Opa meint, dass der Fisch nun bald neues Wasser braucht. Obwohl Anton eine Falle vermutet, lässt er sich überzeugen. Nun bezeichnet er den Fisch schon als »Kumpel«.
8	42–45 30–32	Oma leert für Antons Fisch extra ein großes Gurkenglas und Opa setzt ihn hinein. Er erklärt Anton, dass es sich um einen jungen Barsch handelt, der Würmer, Insekten und kleine Fische frisst, er also ein Raubfisch ist. Da fällt Anton ein Film über Piranhas ein, den er einmal gesehen hat, und schon hat der Barsch einen Namen: Piranha. Anton befestigt das Gurkenglas auf seinem ferngesteuerten Auto und kann ihn nun herumfahren. Er zeigt ihm den Campingplatz. Es stört ihn nicht, dass sich die anderen Leute über ihn wundern.

Kapitel	Seite	Erzähltes Geschehen
9	46–50 33–36	Um den Kindern und vor allem Pudel aus dem Weg zu gehen, steuert Anton seinen Racer durchs Gebüsch. (Dabei redet er mit Piranha wie mit einem Freund.) Auf einmal überrascht er ein Mädchen beim Pinkeln, was ihm total peinlich ist. Er will schnell umdrehen, aber der Racer bleibt hängen. So entwickelt sich ein Gespräch mit dem Mädchen, das er schon vorher am Steg getroffen hat. Ihr Name ist Marie. Sie stellen sich Fragen, lachen miteinander und Anton findet sie sehr schlau.
10	51–58 37–42	Plötzlich fällt Anton ein, dass er Piranha füttern muss. Deshalb fährt er zu Opas Angelplatz und möchte Geld für Fischfutter. Stattdessen wirft Opa eine Made ins Gurkenglas. Bei diesem Anblick wird Anton ganz schlecht, aber er überwindet sich und füttert seinen Fisch selbst. Da taucht Pudel auf. Anton provoziert ihn und klopft Sprüche, also kippt Pudel die Dose mit den Maden aus. Er schubst Anton, der jedoch nicht körperlich zurückschlägt, aber laut »Hey!« ruft. Jetzt bemerkt Opa die beiden und fragt nach. Anton wiegelt ab und Pudel geht weg.
11	59–64 43–46	Opa fordert als Ersatz für die verloren gegangenen Maden Würmer. Anton belügt ihn und leugnet, dass es Pudel war. Er gibt ihn sogar als seinen neuen Freund aus. Darüber ist Opa sehr erleichtert. Gemeinsam suchen sie Würmer. Anton überwindet seinen Ekel und findet einen ganz dicken Wurm. Diesen bekommt Piranha zu fressen. Im Gespräch mit seinem Opa erzählt Anton weitere Lügen über Marie, den Steg und den See. Das Gespräch ist für beide sehr lustig.
12	65–69 47–49	Abends hat Oma Geschenke dabei. Opa bekommt ein Kreuzworträtselheft und Anton eine Taucherbrille in der Hoffnung, dass er im See schwimmen geht. Anton erweitert seine Lügen vom Vormittag noch und erweckt den Eindruck, dass er schon sehr viele Freunde gewonnen hat. Darüber sind seine Großeltern sehr glücklich. Anton fühlt sich aber ganz schlecht. Er rechtfertigt sich bei seinem Freund Piranha, ist dabei aber sehr unglücklich, fühlt sich als Versager und weint schließlich.
13	70–75 50–53	Einige Tage vergehen, in denen nichts Besonderes passiert. Am letzten Ferientag geht Anton mit Oma und Opa und seiner Taucherbrille zum See. Piranha ist wie immer dabei. (Dort schicken ihn seine Großeltern zu den anderen Kindern an den Steg.) Tatsächlich aber geht er zum Waschhaus, um Pudel nicht begegnen zu müssen. Anton kommt auf die Idee, Wasser in ein Waschbecken einzulassen und die Taucherbrille auszuprobieren. Bald darauf holt er seinen Fisch mit dazu und beobachtet ihn fasziniert. Kurz darauf erscheint Pudel. Er hat sich die Fernbedienung des Racers geschnappt und lässt ihn zweimal gegen die Wand krachen. Ganz offensichtlich ist er auf Ärger aus und Anton bekommt Angst.
14	76–81 54–58	Pudel provoziert Anton immer mehr. Er entdeckt Piranha im Waschbecken und will ihn fangen, was nicht sofort gelingt. Er schnappt sich Anton und zieht ihn zu sich hoch. Das erinnert Anton an die Situation mit seiner Mutter, seit der er ein Gegner von Gewalt ist. In seiner Not bricht er mit dem Vorsatz und tritt gegen Pudels Schienbein. Die Situation spitzt sich zu, denn Pudel zieht den Stöpsel aus dem Waschbecken. Piranha ist in Lebensgefahr! Da versetzt Anton seinem Gegner einen Kinnhaken, beide prügeln sich um den Stöpsel und schließlich läuft Pudel weg. Anton dreht schnell noch den Wasserhahn auf, bevor er ihm hinterhereilt und die Prügelei auf dem Campingplatz weitergeht. Dabei wächst Anton über sich hinaus und schließlich schafft er es, sich den Stöpsel zu schnappen.
15	82–87 59–62	Schnell rennt Anton zurück. Um den Stöpsel wieder zu befestigen, überwindet er seinen Ekel und berührt den Fisch. Er betrachtet die Spuren des Kampfes: den kaputten Racer, Blutstropfen auf dem Boden und blutige Wunden im Gesicht. Anton ist stolz darauf, seinen Freund verteidigt zu haben, auch wenn er dafür seinen Schwur gegen Gewalt brechen musste. Also ändert er ihn ein wenig ab und erneuert ihn. (Den Großeltern erklärt er seine Wunden damit, dass er vom Steg gefallen sei.) Da es der letzte Ferientag ist, müssen sie packen. Als Anton realisiert, dass er Piranha nicht mitnehmen kann, bekommt er einen Wutanfall. Er muss den Großeltern versprechen, seinen Freund am nächsten Tag freizulassen.
16	88–95 63–68	Um sich von Piranha zu verabschieden und ihn in den See zu setzen, steht Anton sehr früh auf. Er möchte zusehen, wie sein Freund wegschwimmt, ohne dafür in den See zu müssen. So kommt er auf die Idee, ihn vom Steg aus ins Wasser gleiten zu lassen und ihn mit der Taucherbrille zu beobachten. Beim Versuch, das schwere Glas in den See zu halten, fällt Anton mit ins Wasser. Zunächst möchte er nur noch raus, doch nach wiederholtem Auf- und Abtauchen siegt die Neugier und Anton findet immer mehr Gefallen an Piranhas Welt. Er bekommt allerhand zu sehen und denkt sich: Ich bin unter Wasser. Ich bin Anton unter Wasser.
17	96–102 69–72	Anton schwimmt immer weiter und hat großen Spaß, als plötzlich Marie neben ihm auftaucht. Sie erzählt ihm, dass seine Großeltern ihn suchen und denken, dass er ertrunken sei. Schnell machen sich die beiden auf den Rückweg. Zurück am Ufer nehmen ihn Oma und Opa erleichtert in Empfang. Anton verabredet sich mit Marie für das nächste Jahr auf dem Campingplatz. Als er dann am verhassten Steg vorbeikommt, kann er nicht anders. Er nimmt Anlauf, rennt über den Steg und ... springt ins Wasser.

i.5 WEITERFÜHRENDE LITERATUR

Zur Weiterarbeit in der Grundschule

- Rafik Schami/Kathrin Schärer: **»Hast du Angst?«, fragte die Maus.** Weinheim, Basel: Beltz & Gelberg, 2017.
  Mina ist eine arglose Maus, die vor nichts und niemandem Angst hat, weil sie noch gar nicht weiß, was Angst ist – bis sie der Schlange begegnet! Ein weises und witziges Bilderbuch über eines der wichtigsten Gefühle, erzählt von zwei Erfolgsautoren.

- Jörg Isermayer: **Alles andere als normal.** Weinheim, Basel: Beltz & Gelberg, 2016.
  Lukas ist zwölf, total normal und … stinklangweilig. Findet er. Eigentlich ist das aber ganz okay – bis er Jule trifft. Jule, die auf alles eine Antwort weiß, die Fremden hinterherspioniert und sich dazu die verrücktesten Geschichten ausdenkt. Es ist spannend mit Jule, doch irgendwas stimmt nicht mit ihr. Was genau, erfährt Lukas erst, als die beiden einer Gruppe von organisierten Fahrraddieben auf die Spur kommen und herausfinden, dass Jules Bruder in die Sache verstrickt ist.

- Klaus Kordon: **Flaschenpost.** Weinheim, Basel: Beltz & Gelberg, 2015 (17. Auflage).
  Matze hofft insgeheim, dass seine Flaschenpost von der Spree bis nach Afrika oder Australien treibt. Doch dann antwortet ihm Lika aus Westberlin. Dem Teil der Stadt, der Matze so unbekannt ist wie ein fremdes Land. »Mein Name ist Matthias Loerke«, hatte Matze geschrieben. »Ich wohne in der Neuen Krugallee 72, DDR-1193 Berlin. Ich bin fast zwölf Jahre alt und gehe in die sechste Klasse. Wer diese Flaschenpost findet, soll mir schreiben. Ich schreibe garantiert zurück.« Als Lika aus Westberlin antwortet, ist Matze trotzdem nicht enttäuscht. Der westliche Teil der Stadt ist ihm nämlich so unbekannt wie ein fremdes Land. Nur seine Eltern sind von der Brieffreundschaft nicht begeistert; Ostberlinern kann der Kontakt zu Menschen im Westen schaden. Und auch die Westler haben so ihre Bedenken. Doch Matze und Lika haben ihren eigenen Kopf – und sie schaffen es sogar, sich zu treffen.

Zur Weiterarbeit in der Sekundarstufe

- Louis Sachar: **Löcher.** Weinheim, Basel: Beltz & Gelberg, 2016 (21. Auflage).
  Der Außenseiter Stanley Yelnats landet unschuldig in einem Bootcamp in der texanischen Wüste. Die Aufgabe der einsitzenden Jungs ist ungewöhnlich: Sie sollen jeden Tag ein großes Loch in den harten Wüstenboden graben. Die autokratische Campchefin überwacht alles und alle. Durch Zufall findet Stanley dann den wahren Grund fürs Graben. Mit seinem Freund Zero flüchtet er aus dem Camp … Eine mitreißende Geschichte über die Kraft der Freundschaft.

Fachliteratur für Lehrer:innen zum Thema »Kinderängste«

- Birgit Merkens/Sabine Pankofer: **Kindesmisshandlung: Körperliche Gewalt in der Familie.** Hannover: Schöningh, 2011.

- John Hamel/Tonia Niccols: **Familiäre Gewalt im Fokus – Handbuch: Fakten – Behandlungsmodelle – Prävention.** Frankfurt am Main: Ikaru, 2014.

Link zum Thema »Gewalt in der Familie«

- **www.dksb.de**
  Startseite des Deutschen Kinderschutzbundes

FIGURENKONSTELLATION

i.6

Die Schriftgröße des Namens stellt die Wichtigkeit der Figur im Roman dar. Mit grüner Farben könnte man Sachen hinterlegen, mit blauer männliche Figuren, mit roter weibliche. Weiß lassen könnte man Figuren, die keine oder eine unwichtige Rolle in der Handlung haben.

Computerspiel

Fisch

so lang wie Antons Hand (S. 34), Streifen auf dem Rücken, rote Schwanzflosse, Anton nennt ihn Kumpel (S. 41), mein Bruder Rote Schwanzflosse (S. 43), PIRANHA (S. 43), Anton verteidigt seinen »Freund« – notfalls auch mit Gewalt (S. 39, 56), Kapitän (S. 47), Raubfisch (S. 53), frisst Maden, Würmer, Insekten und kleine Fische (S. 43)

Power Racer X3C

ferngesteuertes Auto, selbst gebaut (S. 20), Lieblingsspielzeug, treuer Gefährte (S. 20), Transportmittel für Piranha

Anton

Starflashman, hat in der virtuellen Welt viele Freunde und fühlt sich heldenhaft, ist in der Realität dagegen sehr kontaktscheu und unsicher, wird schnell wütend, überzeugter Gegner von Gewalt (S. 57), wehrt sich meist verbal (z. B. S. 55ff.), klopft gerne Sprüche, ekelt sich vor dem See mit seinen Tieren und Pflanzen

der Pudel

(richtiger Name wird nicht genannt)

Schleimer (S.55), älter als die anderen Kinder, hat komische Frisur, Angeber (S. 21), einen Kopf größer als Anton, breitschultrig (S. 25/26), kennt sich beim Angeln aus

Antons Opa

Hobby: angeln, ist besorgt, heißt auch Anton (S. 55), reagiert oft gelassen, obwohl Anton ihn beleidigt

Antons Oma

schwimmt gerne, ist besorgt, organisiert das Gurkenglas für Piranha, schenkt Anton die Taucherbrille

Marie

schlaues Mädchen, humorvoll, begegnet Anton offen

Antons Eltern als Zuhörer?

Mutter ist Grund für seine Abneigung gegen Gewalt

»Freunde« im Chatroom

Kinder auf dem Campingplatz

treffen sich jeden Tag am Steg, haben viel Spaß miteinander

Leute auf dem Campingplatz

beschweren sich, lachen über Anton

Lesezeichen und Zeilometer

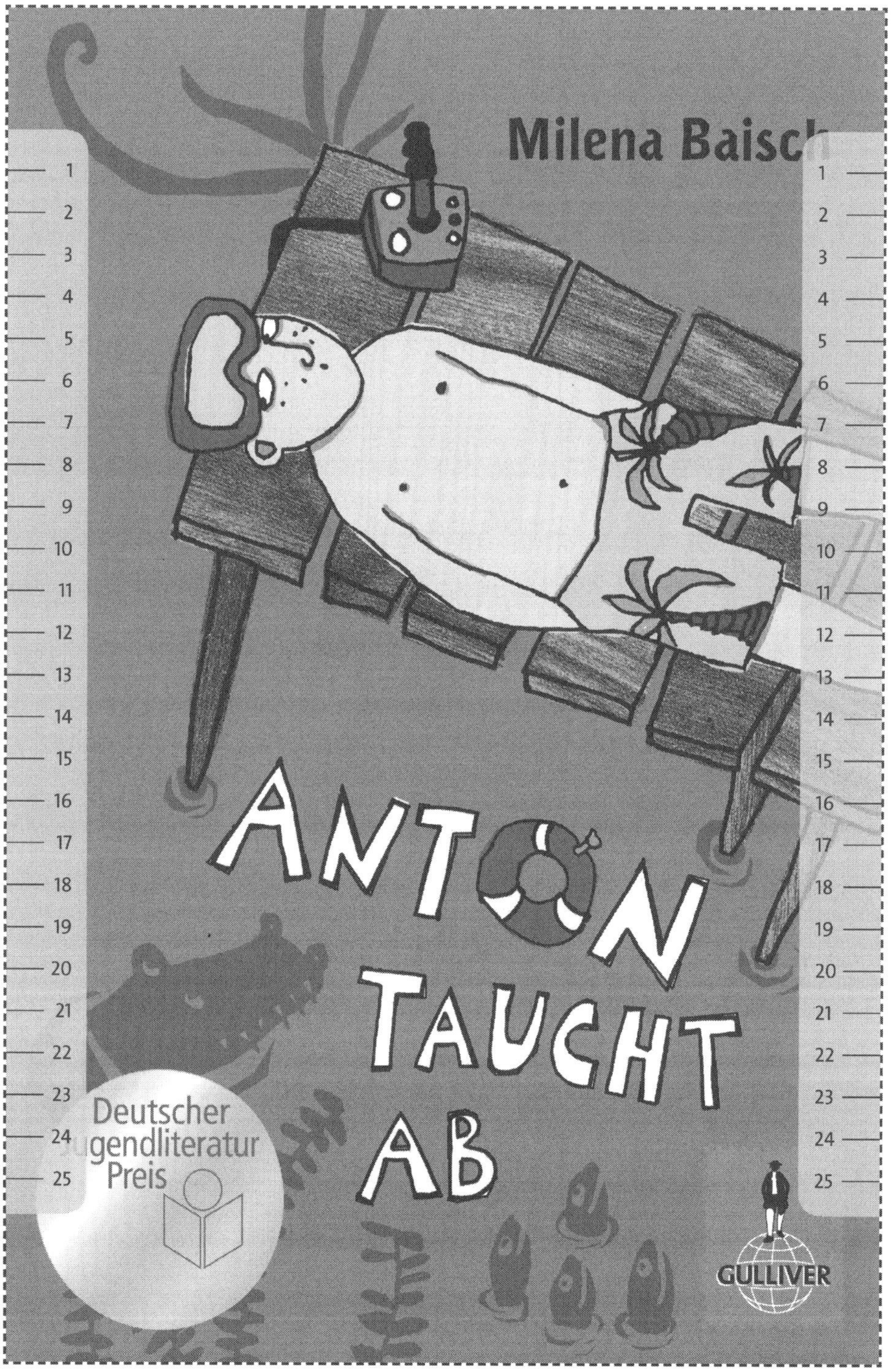

Dieses Lesezeichen hilft dir, einzelne Textstellen zu finden oder dich mit deinen Mitschülerinnen und Mitschülern über bestimmte Textstellen zu unterhalten: Lege dazu einfach das Zeilometer an den oberen Buchrand. Die Zahlen sind dann die jeweiligen Zeilen. Natürlich kannst du dein Zeilometer auch individuell gestalten.

Lesezeichen und Zeilometer

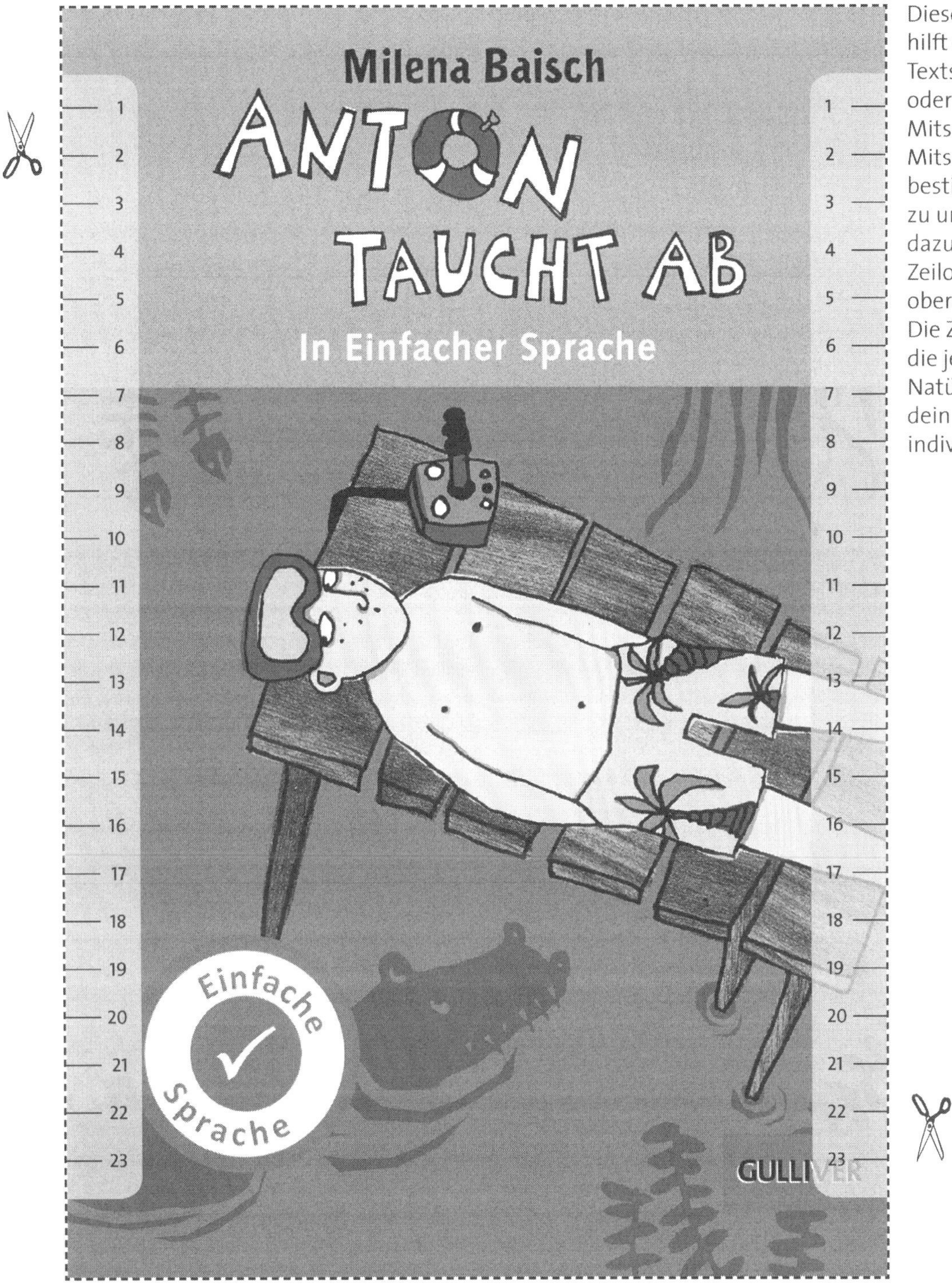

Dieses Lesezeichen hilft dir, einzelne Textstellen zu finden oder dich mit deinen Mitschülerinnen und Mitschülern über bestimmte Textstellen zu unterhalten: Lege dazu einfach das Zeilometer an den oberen Buchrand. Die Zahlen sind dann die jeweiligen Zeilen. Natürlich kannst du dein Zeilometer auch individuell gestalten.

»Mein Lesetagebuch – so arbeite ich damit«

Bestimmt weißt du, was ein Tagebuch ist. Ein Lesetagebuch ist nämlich auch eine Art Tagebuch. Dein Lesetagebuch soll dich während des Lesens des Buchs begleiten und du darfst dort deine Gedanken, Ideen und Eindrücke festhalten. Hier ist auch Platz für Kritik oder wenn Probleme beim Lesen auftauchen. Halte in deinem Lesetagebuch beispielsweise fest, wenn du ein Wort oder einen Satz nicht verstehst, und finde dessen Bedeutung heraus.

Unten findest du weitere Vorschläge, wie du dein Lesetagebuch füllen kannst.

Ideen für mein Lesetagebuch:

		✓
1.	Schau dir das Titelbild genau an! Welche Dinge entdeckst du?	
2.	Anton hat den Campingplatz gezeichnet. Kannst du die verwendeten Begriffe erklären?	
3.	Wie sieht der Campingplatz deiner Träume aus? Male eine Skizze dazu und beschrifte diese.	
4.	Wähle aus dem Text eine Figur aus. Schreibe auf, was du über sie weißt.	
5.	Schreibe Fragen zu einem Kapitel auf, die andere Kinder beantworten können.	
6.	Fasse ein Kapitel zusammen und male passende Bilder dazu.	
7.	Schreibe eine Textstelle im Buch so um, dass du selbst darin vorkommst.	
8.	Eine Figur im Buch gefällt dir besonders gut. Begründe deine Wahl.	
9.	Eine Figur im Buch findest du langweilig oder du magst sie gar nicht. Begründe deine Wahl.	
10.	Schreibe das Ende von »Anton taucht ab« um.	
11.	Schreibe eine Fortsetzung von »Anton taucht ab«.	
12.	Hast du noch Fragen an die Autorin? Schreibe deine Fragen auf.	
13.	Kannst du das Buch »Anton taucht ab« empfehlen? Schreibe einen Brief an einen Freund und überzeuge ihn, das Buch zu lesen.	
14.	Schlüpfe in die Rolle von Anton. Schreibe einen Brief an Marie.	
15.	Daheim angekommen schreibt Marie/der Pudel/Anton in ihr/sein Tagebuch ...	
16.	Verfasse ein Akrostichon über eine Hauptperson.	
17.	Überlege dir Spitznamen für alle Hauptdarsteller.	
18.	Pudel erzählt Marie seine Sicht der Dinge. Suche dir eine geeignete Stelle aus dem Buch aus und schreibe seine Sichtweise auf.	

Meine eigenen Ideen:

»Als ich noch Starflashman hieß«

Anton ist mit seinen Großeltern im Urlaub. Allerdings ist vieles anders als erwartet …

1. Lies Seite 5 und beantworte die Fragen allein oder mit einer Partnerin/ einem Partner.

a) Wie heißt der Erzähler? ____________________________

b) Der Junge nennt sich selbst auch Star•flash•man. Aus welcher Sprache stammt der Name?

____

c) Was bedeutet der Name?

____

Tipp: Falls du nicht weiterkommst, findest du auf Seite 73 eine Hilfe.

2. Welchen Eindruck macht Anton bisher auf dich? Markiere passende Adjektive im Kasten.

frech • cool • stark • nett • undankbar • wütend • seltsam • lustig • verwöhnt • unfreundlich • langweilig • fantasievoll

3. Wie verhält sich Anton?

a) Fülle die Lücken mit einem passenden Adjektiv.

Anton ist __________________, weil er seine Großeltern anbrüllt.

Anton ist __________________, weil er einen Wutanfall bekommt.

Anton ist ________________, weil er kein Wort mehr mit seinen Großeltern spricht.

Tipp: Auf Seite 6 kannst du es nochmals nachlesen.

b) Vielleicht fallen dir noch eigene Sätze ein. Schreibe sie in dein Lesetagebuch.

4. Der Swimmingpool ist für Anton sehr wichtig. Schreibe in dein Lesetagebuch, woran er bei dem Wort »Swimmingpool« denkt.

»Als ich noch Starflashman hieß«

Anton ist mit seinen Großeltern im Urlaub. Allerdings ist vieles anders als erwartet …

1. Lies die Seiten 5 bis 9 und beantworte folgende Fragen allein oder mit einer Partnerin/einem Partner.

a) Wie heißt der Erzähler? ______________________

b) Welchen Spitznamen gibt er sich selbst im Buch? Aus welcher Sprache stammt er? Übersetze den Spitznamen.

____

____

c) Vermute, wem Anton die Geschichte erzählt.

____

____

2. Bist du ein Sprachprofi? Dann wage dich an die nächste Aufgabe.

a) Auf Seite 5 sagt Anton zu Opa *»Gib Stoff, Kumpel!«*. Was meint er damit?

____

____

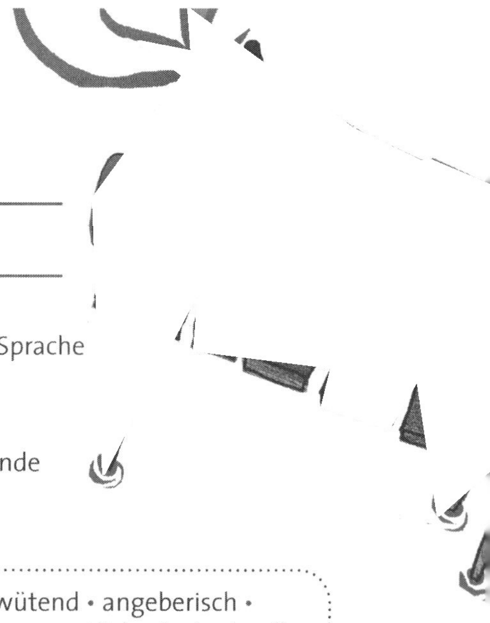

b) Schreibe alle Wörter in dein Lesetagebuch, die aus der englischen Sprache abgeleitet sind, und übersetze sie.

3. Welchen Eindruck macht Anton bisher auf dich? Suche dir fünf passende Adjektive aus und schreibe deinen Eindruck in dein Lesetagebuch. Begründe deine Auswahl.

frech • eingebildet • cool • stark • mutig • nett • undankbar • wütend • angeberisch • lustig • ängstlich • verwöhnt • unfreundlich • langweilig • seltsam • sportlich • fantasievoll

4. Anton denkt auf Seite 9 an seine Eltern.

a) Woran denkt er genau? Erkläre es mit eigenen Worten einer Partnerin/einem Partner.

b) Was machst du vor dem Einschlafen? Wie war es, als du noch klein warst? Schreibe in dein Lesetagebuch.

»Als ich noch Starflashman hieß«

Anton ist mit seinen Großeltern im Urlaub. Allerdings ist vieles anders als erwartet …

1. Lies die Seiten 5 bis 9 und beantworte folgende Fragen allein oder mit einer Partnerin/einem Partner.

a) Wie heißt der Erzähler? ______________________________

b) Welchen Spitznamen gibt er sich selbst im Buch? Aus welcher Sprache stammt er? Übersetze den Spitznamen.

____

____

c) Vermute, wem Anton die Geschichte erzählt. Begründe deine Vermutung.

____

____

2. Bist du ein Sprachprofi? Dann wage dich an die nächste Aufgabe.

a) Auf Seite 5 sagt Anton zu Opa *»Gib Stoff, Kumpel!«*.
Was meint er damit?

____

____

b) Schreibe alle Wörter in dein Lesetagebuch, die aus der englischen Sprache abgeleitet sind, und erkläre ihre Bedeutung.

3. Welchen Eindruck macht Anton bisher auf dich? Suche dir fünf passende Adjektive aus und schreibe deinen Eindruck in dein Lesetagebuch. Begründe deine Auswahl.

4. Anton denkt auf Seite 9 an seine Eltern.

a) Warum denkt er an seine Eltern? An was denkt er genau? Erkläre es mit eigenen Worten.

____

____

b) Hast du auch ein Ritual vor dem Einschlafen mit deinen Eltern?
Gern kannst du auch erzählen, wie es war, als du noch klein warst. Beschreibe es in deinem Lesetagebuch.

»Die Wasseroberfläche war schwarz«

Anton findet den See ekelhaft und hätte lieber einen Swimmingpool …

1. Hier ist etwas durcheinander geraten. Schreibe die Sätze richtig in dein Lesetagebuch.

Anton *möchte Angeln gehen.*

Opa *zieht den Badeanzug an.*

Oma *möchte Fernsehen gucken.*

2. Anton hasst den See.

a) Kreise die Tiere ein, die laut Anton im See leben.

Krokodile Fische Quallen Frösche Schnecken Wasserschlangen

b) Welche Pflanze ist für Anton im See am schlimmsten? Schreibe den Satz fertig.

Am schlimmsten aber sind die ____.

Die Stelle habe ich im Buch auf Seite ________ gefunden.

c) Kannst du Antons Angst vor dem See verstehen? Kreuze an: Ja ◯ Nein ◯

3. Oma und Opa machen sich Sorgen um Anton. Warum? Kreise richtige Antworten ein.

Anton schwimmt nicht im See. Anton isst nichts. Anton taucht zu viel.

Anton spielt nicht mit Freunden. Anton ist frech. Anton lernt nicht.

4. Es ist schön und wichtig, Freunde zu haben. Warum?

a) Sprich mit einer Partnerin/einem Partner darüber.

b) Schreibe mindestens 4 Sätze in dein Lesetagebuch.

Tipp
- Es ist schön, Freunde zu haben, weil …
- Es ist wichtig, Freunde zu haben, weil …

c) Sprecht anschließend in der Gruppe darüber.

k.4

»Die Wasseroberfläche war schwarz«

Anton findet den See ekelhaft und hätte lieber einen Swimmingpool …

1. Auf Seite 10 beschreibt Anton seinen Traum. Unten im Text sind *fünf* Wörter falsch. Streiche sie durch und schreibe die richtigen Wörter darüber.

Er handelte von einer Mission in der Steppe. Ich war Kampfpilot und hatte die Aufgabe, ein

Dorf zu retten, das von Wölfen umzingelt war. Gerade wollte ich aus dem Flugzeug heraus

ein blondes Mädchen aus den Klauen eines Wolfes befreien, als Opa zu sprechen anfing.

2. Alte Leute haben ihren Spaß, junge Leute haben ihren Spaß, meint Anton auf Seite 12.

a) Was wollen die Großeltern unternehmen und was hat Anton eigentlich geplant?

____

____

b) Kennst du solche Situationen aus deiner Familie (Eltern oder Großeltern)? Schreibe darüber in dein Lesetagebuch.

3. Anton hasst Seen.

a) Nenne fünf Tiere, die laut Anton in dem See lauern.

____

____

b) Was ist im See laut Anton am schlimmsten? Lies im Buch nach und schreibe es auf.

____

Die Stelle habe ich im Buch auf Seite _______ ab Zeile _______ gefunden.

4. Warum schimmert der Swimmingpool hellblau? Schreibe deine Ideen in dein Lesetagebuch.

5. Ein Mensch braucht Freunde. Sprich über diese Behauptung mit anderen Kindern.

»Die Wasseroberfläche war schwarz«

Anton findet den See ekelhaft und hätte lieber einen Swimmingpool …

1. Auf Seite 10 beschreibt Anton seinen Traum. Unten im Text sind *fünf* Wörter falsch. Streiche sie durch und schreibe die richtigen Wörter darüber.

> *Er handelte von einer Mission in der Steppe. Ich war Kampfpilot und hatte die Aufgabe, ein Dorf zu retten, das von Wölfen umzingelt war. Gerade wollte ich aus dem Flugzeug heraus ein blondes Mädchen aus den Klauen eines Wolfes befreien, als Opa zu sprechen anfing.*

2. Alte Leute haben ihren Spaß, junge Leute haben ihren Spaß, meint Anton auf Seite 12.

a) Was wollen die Großeltern unternehmen und was hat Anton eigentlich geplant?

____

____

b) Kennst du solche Situationen aus deiner Familie (Eltern oder Großeltern)? Schreibe darüber in dein Lesetagebuch.

3. Anton hasst Seen.

a) Nenne fünf Tiere, die laut Anton in dem See lauern. Beschreibe, warum diese den See so widerlich machen. Schreibe in dein Lesetagebuch.

b) Was ist im See aber laut Anton das Schlimmste? Beschreibe genau, warum Anton dies so empfindet.

____

Die Stelle habe ich im Buch auf Seite ________ ab Zeile ________ gefunden.

4. Warum schimmert ein See schwarz und ein Swimmingpool hellblau? Schreibe deine Lösungsideen in dein Lesetagebuch.

5. Ein Mensch braucht Freunde. Sprich über diese These (Behauptung) mit anderen Kindern.

»Mein Spielzeugauto«

Anton nimmt sein Spielzeug und lernt die Kinder vom Steg am See kennen …

1. Anton nimmt seinen Power Racer X3C mit.

a) Was ist der Power Racer X3C?

____

Tipp: Lies auch auf Seite 74 nach.

b) Lies genau im Buch auf Seite 14 und markiere die unten genannte Stelle. Fülle dann die Lücken. Achte dabei auf die richtige Schreibweise.

Damit fuhr er auch über ______________ und ___________ und sogar

in _________________ .

Diesen Satz habe ich in den Zeilen __________ gefunden.

2. Anton lernt die Kinder vom Steg kennen.

a) Markiere die Namen von zwei Kindern im Text und schreibe sie auf.

____

Tipp: Wie kann man neue Freunde finden? Beispiele: Verein, gemeinsames Hobby/Interessen, Spielplatz …

b) Wie lernst du neue Freunde kennen? Hast du Tipps für Anton, was er anders machen sollte? Schreibe deine Ideen in dein Lesetagebuch.

3. Welches Tier sieht Anton auf Seite 20 im Wasser? Schreibe den Satz zu Ende.

Er sieht ______________________ .

Diesen Satz habe ich in Zeile ______ gefunden.

4. Anton geht mit seinem Opa zum Angelplatz. Er nennt auf Seite 21 drei Gründe dafür. Male in der gleichen Farbe an, was zusammengehört.

Anton braucht eine Pause von	Anton möchte nicht,	Anton hat Lust auf
die Kühlbox mit eiskalten Getränken, die neben Opas Angelstuhl steht.	Pudeln und Arschbomben.	dass seine Großeltern enttäuscht sind.

»Mein geliebter Power Racer X3C«

Anton nimmt sein Spielzeug und lernt die Kinder vom Steg am See kennen …

1. Anton beschäftigt sich bevorzugt mit zwei mitgebrachten Spielzeugen, nämlich dem Power Racer X3C und seinem Computerspiel.

a) Für wie viele Spieler sind die beiden Spielsachen gedacht?

___

b) Welche Spielsachen sind geeigneter, um Kinder kennenzulernen? Empfiehl Anton zwei Spielsachen/Spiele und begründe deine Empfehlung.

___

___

2. Anton trifft die Kinder vom Steg.

a) Zwei Kinder werden im Buch mit Namen genannt. Schreibe die Namen auf.

___

b) Der Junge möchte sich mit ihm prügeln, das spürt Anton ganz deutlich. Aber er bezeichnet sich selbst auf Seite 27 als »überzeugter Gegner von Gewalt«. Welche Erfahrung könnte sich hinter dieser Aussage verstecken? Was soll er tun? Schreibe deine Ideen und deinen Rat in dein Lesetagebuch.

3. Anton geht mit seinem Opa zu dessen Angelplatz. Er nennt auf Seite 30 drei Gründe dafür. Markiere sie im Text und zähle sie in der richtigen Reihenfolge auf.

___

___

4. Für seinen Opa fällt Anton auch ein cooler Computerspielname ein.

a) Wie lautet dieser? Wie begründet Anton seine Namenswahl?

___

b) Welcher Computerspielname würde zu deinem Großvater passen? Schreibe den Namen in dein Lesetagebuch und begründe deine Namensgebung.

5. Wie lernst du neue Freunde kennen? Hast du Tipps für Anton, was er anders machen sollte? Diskutiere mit anderen Kindern oder schreibe in dein Lesetagebuch.

»Mein geliebter Power Racer X3C«

Anton nimmt sein Spielzeug und lernt die Kinder vom Steg am See kennen …

1. Anton beschäftigt sich bevorzugt mit zwei mitgebrachten Spielzeugen, nämlich dem Power Racer X3C und seinem Computerspiel.

a) Für wie viele Spieler sind die beiden Spielsachen gedacht?

____

b) Welche Spielsachen sind geeigneter, um Kinder kennenzulernen? Empfiehl Anton zwei Spielsachen/Spiele und begründe deine Empfehlung.

____

____

2. Anton trifft die Kinder vom Steg.

a) Zwei Kinder werden im Buch mit Namen genannt. Schreibe die Namen auf.

____

Wo hast du die beiden Namen gefunden? Notiere hier Seite und Zeile: ____________

b) Der Junge möchte sich mit ihm prügeln, das spürt Anton ganz deutlich. Aber er bezeichnet sich selbst auf Seite 27 als »überzeugter Gegner von Gewalt«. Welche Erfahrung könnte sich hinter dieser Aussage verstecken? Was soll er tun? Schreibe deine Ideen und deinen Rat in dein Lesetagebuch.

3. Anton geht mit seinem Opa zu dessen Angelplatz.

a) Er nennt auf Seite 30 drei Gründe dafür. Zähle diese stichpunktartig in der angegebenen Reihenfolge in deinem Heft oder Lesetagebuch auf.

b) Für seinen Opa fällt Anton auch ein cooler Computerspielname ein. Wie lautet dieser? Wie begründet Anton seine Namenswahl?

4. Welcher Computerspielname würde zu deinem Großvater passen? Schreibe den Namen in dein Lesetagebuch und verfasse ein Akrostichon dazu.

Info: Du fragst dich gerade, was ein Akrostichon ist? Eine Antwort findest du im Internet unter www.fragfinn.de!

5. Wie lernst du neue Freunde kennen? Hast du Tipps für Anton, was er anders machen sollte? Diskutiere mit anderen Kindern oder schreibe in dein Lesetagebuch.

»Es war reiner Ekel«

Anton betont immer wieder, was er nicht mag, weil er sich davor ekelt …

1. Auf den Seiten 26 bis 28 verteidigt Anton den Fisch und rettet ihm das Leben. Spielt die Szene nach.

Tipp: Suche im Text die wörtliche Rede und schreibe sie als Gedankenstütze auf Kärtchen. Drückt auch mit eurem Gesicht und mit eurem Körper aus, wie Anton sich fühlt. Beispiel: Er ist wütend, sauer und verzweifelt.

Pfoten weg!!

Aaaaaaaah!

Darf ich den Fisch jetzt töten?

2. Auf Seite 30 erfährst du neue, wichtige Informationen über den Fisch. Suche die Informationen im Text und schreibe sie in die Lücken.

Der Fisch von Anton heißt auch B________________. Er nennt ihn ________________.

Der Fisch von Anton ist ein Raubfisch und frisst ______________________,

______________________ und ________________________.

Die Wörter für die Lücken habe ich in den Zeilen __________ bis __________

gefunden.

3. Auf den Seiten 39 bis 42 kommt es erneut zu einem Streit zwischen Anton und dem Pudel. Lest den Text mit verteilten Rollen (Anton, Pudel, Opa, Erzähler).

Tipp: Achtet auf eure Stimmen: laut – leise / freundlich – abweisend …

4. Was denkst du über den Pudel? Was denkst du über Anton? Schreibe die Sätze in deinem Lesetagebuch zu Ende.

Der Pudel ist verlogen, weil …	Anton ist unhöflich, weil …
Der Pudel ist böse, weil …	Anton ist schlau, weil …
Der Pudel ist ____________, weil …	Anton ist ____________, weil …

5. Anton wird auf Seite 38 schlecht. Er ekelt sich davor, dass der Fisch Maden frisst. Ekelst du dich auch vor etwas? Sprecht in der Klasse darüber.

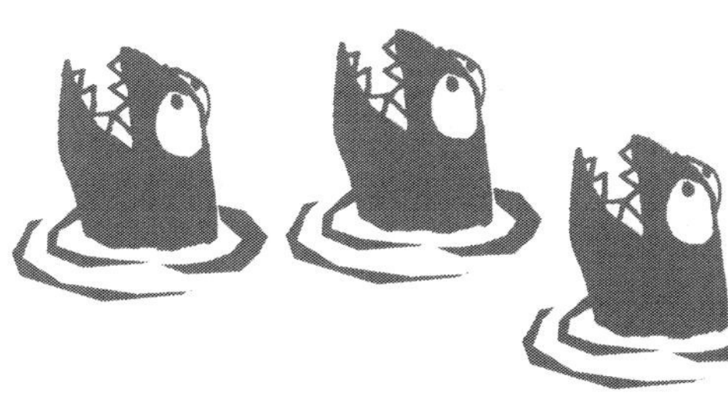

»Es war reiner Ekel«

Anton betont immer wieder, was er nicht mag, weil er sich davor ekelt …

1. Was ist Ekel? Was ist Angst? Schreibe die Begriffserklärungen (Definitionen) in dein Lesetagebuch.

Tipp: Auf der Internetseite www.fragfinn.de findest du viele interessante Artikel zu den beiden Begriffen.

2. Wovor ekelst du dich? Was macht dir richtig Angst?

a) Schreibe deine Gedanken hierzu in dein Lesetagebuch.

b) Suche dir ein Kind aus, dem du vertraust, und sprich mit ihm über deine Gedanken.

3. Anton muss über die Haltung eines Fisches noch viel lernen.

a) Was fressen Fische? Lies im Buch nach und erkundige dich (im Internet, in Fachliteratur, bei einem Fachmann usw.).

____

____

b) Warum benötigt Piranha nach einiger Zeit immer wieder frisches Wasser?

____

____

4. Auf den Seiten 54 bis 58 kommt es erneut zu einem Konflikt zwischen Anton und dem Pudel. Schlüpfe in die Rolle von Antons Opa. Bekommst du auch nichts mit? Greifst du ein? Hörst du weg? Wie verhältst du dich?

a) Schreibe diesen Teil des Buchs mit dir als Opa um. Halte deine Gedanken in deinem Lesetagebuch fest.

b) Suche dir ein Kind. Lest euch eure Geschichten vor.

5. Was denkst du über den Jungen, den Anton Pudel nennt?

Die Adjektive unten helfen dir. Achtung! Nicht alle sind richtig. Schreibe in dein Lesetagebuch.

hilfsbereit • hinterlistig • angeberisch • gewalttätig • klug • falsch • respektlos • interessiert • humorvoll • streitlustig • freundlich • dumm

Tipp: Markiere Adjektive farbig, die auf Pudel zutreffen.

»Es war reiner Ekel«

Anton betont immer wieder, was er nicht mag, weil er sich davor ekelt …

1. Was ist Ekel? Was ist Angst? Schreibe eine Definition beider Begriffe in dein Lesetagebuch.

> **Tipp:** Auf der Internetseite www.fragfinn.de findest du viele interessante Artikel zu den beiden Begriffen.

2. Wovor ekelst du dich? Was macht dir richtig Angst?

a) Schreibe deine Gedanken hierzu in dein Lesetagebuch.

b) Suche dir ein Kind aus, dem du vertraust, und sprich mit ihm über deine Gedanken.

3. Anton muss über die Haltung eines Fisches noch viel lernen.

a) Was fressen Fische? Lies im Buch nach und erkundige dich (im Internet, in Fachliteratur, bei einem Fachmann usw.).

____

____

b) Warum benötigt Piranha nach einiger Zeit immer wieder frisches Wasser?

____

____

4. Auf den Seiten 54 bis 58 kommt es erneut zu einem Konflikt zwischen Anton und dem Pudel. Schlüpfe in die Rolle von Antons Opa. Bekommst du auch nichts mit? Greifst du ein? Hörst du weg? Wie verhältst du dich?

a) Schreibe diesen Teil des Buchs mit dir als Opa um. Halte deine Gedanken in deinem Lesetagebuch fest.

b) Suche dir ein Kind. Lest euch eure Geschichten vor.

5. Was denkst du über den Jungen, den Anton Pudel nennt? Begründe deine Meinung anhand von Textstellen. Schreibe in dein Lesetagebuch.

> **Tipp:** Markiere geeignete Stellen im Text und schreibe dir das passende Adjektiv an den Rand.

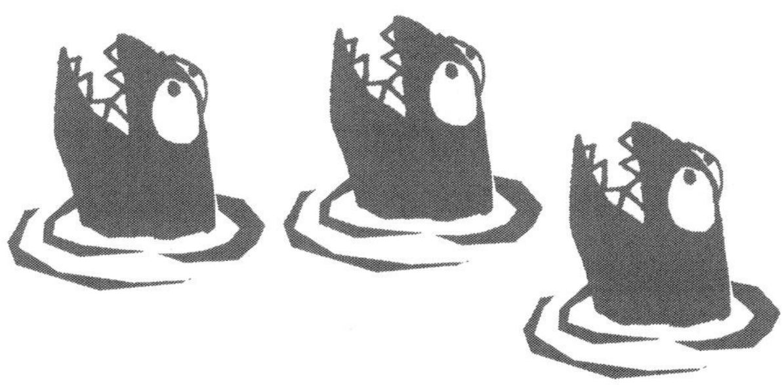

»Ich war ein Lügner«

Anton möchte seine Großeltern glücklich machen …

1. Auf den Seiten 43 und 44 sprechen Anton und sein Opa miteinander.

a) Markiere die wörtliche Rede im Text.

b) Was gehört zusammen? Male in der gleichen Farbe an. Schreibe die Sätze in der richtigen Reihenfolge in dein Lesetagebuch.

Anton sagt als Erstes,	die Maden.	Opa sucht	Zum Schluss suchen Opa und Anton
dass die Maden weggekrabbelt sind.	Dann lügt Anton Opa an:	Würmer	»Wir haben nur gespielt. Dabei sind die Maden umgekippt.«

c) Warum lügt Anton seinen Opa an? Schreibe deine Meinung in dein Lesetagebuch.

Tipp

Diese Sätze können dir helfen.
- Nein, ich erzähle Opa nichts! Er rennt nur zum Pudel hin und spricht mit ihm! …
- Mein Opa kann so peinlich sein …
- Ich will das selbst regeln! …
- Was denkt Opa dann von mir? …

2. Du gerätst in eine ähnliche Situation: Ein anderes Kind greift dich an. Dabei schubst dich das Kind auf die Brille deines Opas. Sie geht kaputt. Dein Opa bemerkt es erst später …
Was machst du? Sprich mit anderen Kindern darüber.

3. Antons Oma hat sowohl Anton als auch Opa ein Geschenk mitgebracht. Was schenkt sie ihnen? Markiere im Text und schreibe die Sätze zu Ende.

Anton bekommt ______________________________.

Opa bekommt ______________________________.

Die Wörter für die Lücken habe ich auf der Seite ________ gefunden.

4. »Guck nicht hin«, sagte ich zu Piranha. Es war mir peinlich, dass ich rumheulte. Aber Piranha war ein Freund. Er drehte sich um.

a) Warum verhält sich ein Freund so? Sprich mit einer Freundin oder einem Freund darüber und schreibe deine Gedanken in dein Lesetagebuch.

b) Schreibe einen Satz in dein Lesetagebuch, was du an einer Freundin oder einem Freund wichtig findest.

»Ich war ein Lügner und ein Versager«

Anton möchte seine Großeltern glücklich machen …

1. Auf den Seiten 60 und 61 führen Anton und sein Opa ein Gespräch.

Tipp: Markiere das Gespräch im Text und schreibe deine Gedanken an den Rand.

a) Warum erzählt Anton hier seinem Opa nicht die Wahrheit?

____

____

b) Wie würdest du dich an Antons Stelle verhalten? Schreibe deine Gedanken in dein Lesetagebuch und tausche dich mit anderen Kindern darüber aus.

c) Auf den Seiten 62 bis 67 greift Anton zu Notlügen. Erkläre mit eigenen Worten, was eine Notlüge ist, und nenne ein Beispiel aus dem Buch.

____

____

____

Tipp: Bei einer Notlüge handelt es sich um eine unwahre Aussage, die aber oft sinnvolle Gründe hat. Zu einer Notlüge greift man insbesondere dann, wenn man einen anderen Menschen nicht verletzen oder beunruhigen möchte.

2. Antons Oma hat sowohl Anton als auch Opa jeweils ein Geschenk mitgebracht. Was schenkt sie ihnen? Markiere es im Text und schreibe es auf.

____

____

Die Wörter habe ich auf der Seite ________ in den Zeilen __________ gefunden.

3. Anton sagt: »Ich bin ein Versager.«

a) Erkläre mit eigenen Worten in deinem Lesetagebuch, was man unter Versager versteht.

b) Warum denkt er so über sich? Von wem fühlt er sich wie ein Versager behandelt?

c) »Aber Piranha war ein Freund. Er drehte sich um.«
Warum verhält sich ein Freund so?
Schreibe in dein Lesetagebuch. Wenn du möchtest, sprich mit einer Freundin oder einem Freund darüber.

»Ich war ein Lügner und ein Versager«

Anton möchte seine Großeltern glücklich machen …

1. Auf den Seiten 60 und 61 führen Anton und sein Opa ein Gespräch.

a) Warum erzählt Anton hier seinem Opa nicht die Wahrheit?

____

____

b) Wie würdest du dich an Antons Stelle verhalten? Schreibe deine Gedanken in dein Lesetagebuch und tausche dich mit anderen Kindern darüber aus.

c) Auf den Seiten 62 bis 67 greift Anton zu Notlügen. Erkläre anhand einer Aussage Antons, was eine Notlüge ist.

____

____

____

2. Antons Oma hat sowohl Anton als auch Opa jeweils ein Geschenk mitgebracht. Was schenkt sie ihnen?

____

____

Die Lückenwörter habe ich auf der Seite ________ in den Zeilen __________ gefunden.

3. Anton sagt: »Ich bin ein Versager.«

a) Erkläre mit eigenen Worten in deinem Heft oder Lesetagebuch, was man unter Versager versteht.

b) Warum denkt er so über sich? Von wem fühlt er sich wie ein Versager behandelt?

c) Fühlst du dich auch manchmal wie ein Versager? Schreibe deine Gedanken in dein Lesetagebuch.

d) »Aber Piranha war ein Freund. Er drehte sich um.«
Warum verhält sich ein Freund so?
Schreibe in dein Lesetagebuch. Wenn du möchtest, sprich mit einer Freundin oder einem Freund darüber.

Anton erklärt sich als Gegner von Gewalt …

»Ein Gegner von Gewalt«

1. Auf Seite 50 sind schwierige Wörter und Sätze.

a) Erkläre kurz.

der Steg: ____________________ die Uferstelle: ____________________

»Steg« steht in der Zeile ________. »Uferstelle« steht in der Zeile ________.

b) Hier steht auch: »Und der wollte ja Hackfleisch aus mir machen.«
Was ist damit gemeint? Erkläre.

____

____

c) Verstehst du andere Wörter nicht? Markiere sie im Text und befrage ein anderes Kind.

2. Auf Seite 55 und 56 erfährst du, wie aus Anton ein Gegner von Gewalt wurde.

a) Markiere die passende Textstelle im Buch. Beschreibe sein Erlebnis in deinem Lesetagebuch. Die Wörter im Kasten helfen dir dabei.

Tipp: Anton • Mama • spielen • Mamas Lippenstift • U-Boot • schreien • wütend • schütteln

b) Anton ist ein Gegner von Gewalt. Er hat sich aber gewehrt und ist stolz auf sich. Erkläre in deinem Lesetagebuch, warum.

Tipp: Lies auf Seite 60 ganz unten nach. Auch die Seite 61 ist hilfreich.

c) Wie denkst du über Gewalt gegenüber Menschen und anderen Lebewesen? Diskutiert in Kleingruppen.

3. Streiche durch, was nicht stimmt.

a) Anton und Piranha tauchen [in der Badewanne] / [im Waschbecken].

b) Der Pudel fährt den [Power Racer X3C] / [die Taucherbrille] zu Schrott.

c) Pudel möchte [Marie] / [Piranha] töten.

d) Pudel [spuckte] / [sah] Anton an.

4. Wie denkst du darüber, dass der Pudel Piranha einfach töten möchte? Gestalte allein oder mit einem anderen Kind ein Plakat zu deiner Meinung. Du kannst malen und/oder schreiben.

»Ein Gegner von Gewalt«

Anton erklärt sich als Gegner von Gewalt …

1. Auf Seite 71 findest du einige schwierige Begriffe und Sätze. Erkläre.

a) trotten: ______________________________

streunen: ______________________________

die Rezeption: ______________________________

b) Hier steht auch: »Und der wollte ja bekanntermaßen Hackfleisch aus mir machen.« Was will Anton damit sagen?

____

____

2. Auf Seite 72 stellt sich Anton selbst die Frage, wozu man Freunde hat. Gib ihm in deinem Lesetagebuch darauf eine Antwort. Erzähle mindestens ein Erlebnis mit einer Freundin oder einem Freund.

3. Auf Seite 78 äußert sich Anton: »*Niemals wollte ich einen anderen so zum Weinen bringen.*« Welches Erlebnis steckt hinter diesen Worten? Schreibe in dein Heft oder Lesetagebuch.

4. Streiche durch, was nicht stimmt.

a) Anton und Piranha tauchen [in der Badewanne] / [im Waschbecken].

b) Der Pudel fährt den [Power Racer X3C] / [die Taucherbrille] zu Schrott.

c) Pudel möchte Piranha [streicheln] / [töten].

d) Anton tritt den Pudel gegen [das Schienbein] / [den Oberschenkel].

e) Pudel [spuckte] / [sah] Anton an.

5. Wie denkst du über Gewalt gegenüber Menschen und anderen Lebewesen? Diskutiert in Kleingruppen.

Tieren darf ich weh tun. Sie können sich nicht wehren.

Ich versuche, meine Probleme immer erst mit Worten zu lösen.

So ein Klaps auf den Hintern hat noch niemandem geschadet.

»Ein Gegner von Gewalt«

Anton erklärt sich als Gegner von Gewalt …

1. Auf Seite 71 findest du einige schwierige Redewendungen und Begriffe. Bestimmt kannst du ihre Bedeutung mit eigenen Worten erklären.

aus dem Blickfeld verschwinden: ______________________________

aus jemandem Hackfleisch machen: ______________________________

trotten: ______________________________

streunen: ______________________________

die Rezeption: ______________________________

2. Auf Seite 72 stellt sich Anton selbst die Frage, wozu man Freunde hat. Gib ihm in deinem Lesetagebuch darauf eine Antwort. Erzähle mindestens ein Erlebnis mit einer Freundin oder einem Freund.

3. Auf Seite 78 erfährst du, wie aus Anton ein Gegner von Gewalt wurde. Wodurch wurde Anton zum absoluten Gegner von Gewalt? Beschreibe sein Erlebnis mit deinen eigenen Worten in deinem Lesetagebuch.

4. Streiche durch, was nicht stimmt.

a) Anton und Piranha tauchen [in der Badewanne] / [im Waschbecken].

b) [Der Pudel] / [der Opa] fährt den [Power Racer X3C] / [die Taucherbrille] zu Schrott.

c) Pudel möchte [Marie] / [Piranha] [streicheln] / [töten].

d) Anton tritt [den Pudel] / [die Oma] gegen [das Schienbein] / [den Oberschenkel].

e) Pudel [spuckte] / [sah] Anton an.

5. Wie denkst du über Gewalt gegenüber Menschen und anderen Lebewesen? Diskutiert in Kleingruppen.

Tieren darf ich weh tun. Sie können sich nicht wehren.

Ich versuche, meine Probleme immer erst mit Worten zu lösen.

So ein Klaps auf den Hintern hat noch niemandem geschadet.

»Anton unter Wasser«

Anton muss Piranha freilassen und fällt dabei in den See …

1. Auf Seite 62 macht Anton Terror: Er hat einen heftigen Wutanfall.

a) Warum ist er so wütend?

____

____

b) Wie sieht bei dir ein richtig heftiger Wutanfall aus?
Tauscht euch in einer Kleingruppe aus.

2. Am Abend spricht Anton noch mit seinem Freund Piranha und erklärt ihm die Situation. Überlege, was Anton zu Piranha sagt, und schreibe deine Gedanken in dein Lesetagebuch.

Zum Abschied durfte Piranha bei mir im Wohnwagen schlafen.
Sein Glas stand direkt neben meinem Kopfkissen.
In der Nacht konnte ich sehen, wie das Wasser glänzte.
Nun musste ich meinem Freund erklären,
dass er nicht mit mir nach Hause kommen durfte.

Ich war sehr traurig und sprach:

3. Anton möchte Piranha im See freilassen und fällt dabei hinein.
Durch seine Taucherbrille kann er viele Sachen entdecken.
Male drei Sachen in dein Lesetagebuch, die Anton im See entdeckt, und beschrifte sie.

4. Auf Seite 69 wird Anton wieder an die Wasseroberfläche geholt.
Setze die richtigen Namen ein.

________________________ holt Anton wieder an die Wasseroberfläche.

____________ und ______________ schwimmen sofort zum Ufer.

____________ und ______________ machen sich große Sorgen um Anton.

5. Fülle die Lücken.

Am Ende der Geschichte springt Anton

nochmals in den ________________________ .

Er hat keine ______________ mehr.

»Anton unter Wasser«

Anton muss Piranha freilassen und fällt dabei in den See …

1. Anton macht Terror.

a) Die Heimreise steht an und Anton möchte seinen Freund Piranha mit nach Hause nehmen. Die Großeltern müssen ihm beibringen, dass dies nicht geht. Anton bekommt einen Wutanfall. Stellt die Szene von Seite 85/86 in mehreren Standbildern da.

Tipp

- Ihr habt vier Rollen zu vergeben (Anton, Oma, Opa, Bildhauer).
- Requisiten sind erlaubt (z. B. Glas mit gebasteltem Piranha).
- Arbeitet zusammen.
- Denkt darüber nach, wie ihr mit eurem Körper und eurem Gesicht die Situation auch jemandem verdeutlicht, der den Text nicht kennt.

b) Wie sieht bei dir ein richtig schöner Wutanfall aus? Tauscht euch in einer Kleingruppe aus.

c) Auf der Seite 86 bezeichnet Anton seine Beziehung zu Piranha als »ehrliche Freundschaft«. Ist für dich eine Freundschaft zu einem Tier möglich? Schreibe deine Meinung in dein Heft oder Lesetagebuch und begründe sie.

2. Anton möchte Piranha im See freilassen. Dabei landet er »mitten in der schwarzen Horrorbrühe« (S. 91). Durch seine Taucherbrille kann er viele Sachen entdecken.

Schreibe Stichpunkte dazu in dein Lesetagebuch.

3. Antons Großeltern sind sehr besorgt, als sie ihren Enkelsohn nicht finden. Bei der Suche sind sie ganz aufgeregt und finden nicht die richtigen Worte. Verfasse zusammen mit einer Partnerin oder einem Partner einen Steckbrief, der Anton treffend beschreibt.

4. Auf Seite 96 wird Anton wieder an die Wasseroberfläche geholt. Welche Aussage stimmt? Kreuze richtige Aussagen an.

- [ ] Das Mädchen trägt einen roten Badeanzug.
- [ ] Das Mädchen heißt Marie.
- [ ] Die Bäume am Ufer waren weit weg und Anton war mitten auf dem See.
- [ ] Die Großeltern machten sich keine Sorgen um Anton.
- [ ] Anton und Marie schwimmen zum Ufer, weil sich Anton Sorgen um die Gesundheit seiner Großeltern macht.

5. Wie fühlt sich Anton am Ende des Buchs?

____

____

____

____

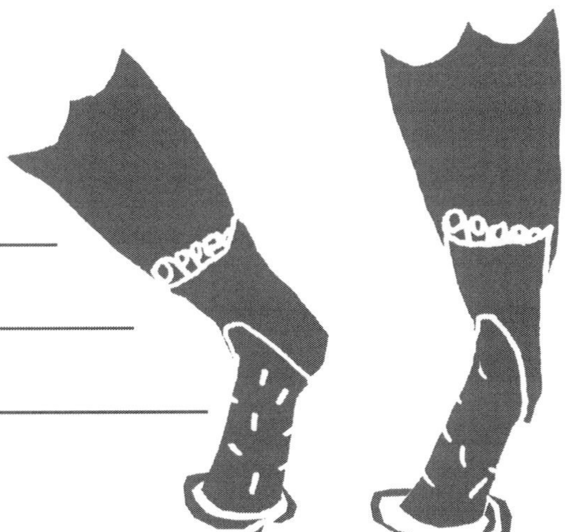

»Anton unter Wasser«

Anton muss Piranha freilassen und fällt dabei in den See …

1. Anton macht Terror.

a) Die Heimreise steht an und Anton möchte seinen Freund Piranha mit nach Hause nehmen. Die Großeltern müssen ihm beibringen, dass dies nicht geht. Vielleicht gelingt es dir in der Rolle des Opas oder der Oma, den Wutanfall Antons zu vermeiden und sehr einfühlsam zu argumentieren. Denkt euch zu dritt ein Rollenspiel in Anlehnung an die Seiten 85/86 aus und spielt es der Klasse vor.

Tipp
- Ihr habt drei Rollen zu vergeben (Anton, Oma, Opa).
- Arbeitet zusammen.
- Sprecht deutlich.
- Setzt auch eure Gestik und Mimik ein.

b) Wie sieht bei dir ein richtig schöner Wutanfall aus? Tauscht euch in einer Kleingruppe aus.

c) Auf der Seite 86 bezeichnet Anton seine Beziehung zu Piranha als »ehrliche Freundschaft«. Ist für dich eine Freundschaft zu einem Tier möglich? Schreibe deine Meinung in dein Heft oder Lesetagebuch und begründe sie.

2. Anton möchte Piranha im See freilassen. Dabei landet er »mitten in der schwarzen Horrorbrühe« (S. 91). Durch seine Taucherbrille kann er viele Sachen entdecken. Wieder einmal gerät er dabei auch ins Träumen und es vermischen sich Fiktion und Wirklichkeit.

Was sieht er wirklich, was ist nur in seiner Gedankenwelt? Markiere die Stellen im Text und lege in deinem Lesetagebuch eine zweispaltige Tabelle an. Schreibe die Dinge unter Wasser stichpunktartig nieder.

Gedankenwelt	Wirklichkeit

3. Antons Großeltern sind sehr besorgt, als sie ihren Enkelsohn nicht finden. Bei der Suche sind sie ganz aufgeregt und finden nicht die richtigen Worte. Verfasse zusammen mit einer Partnerin oder einem Partner einen prägnanten Steckbrief, der Anton treffend beschreibt.

4. Auf Seite 100 erfährst du, wem Anton seine Urlaubserlebnisse erzählt. Nenne die Adressaten und belege mit zwei Aussagen auf Seite 100.

____

____

____

____

____

5. Wie fühlt sich Anton am Ende des Buchs? Schreibe in dein Heft oder Lesetagebuch.

Feedback-Bogen

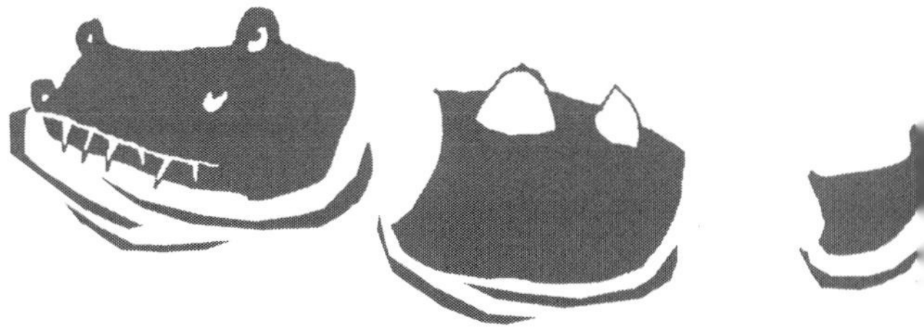

1. Wie hat dir das Buch insgesamt gefallen? Kreuze an:

☐ sehr gut ☐ gut ☐ geht so ☐ nicht so gut ☐ schlecht

2. Wie haben dir die Bilder im Buch gefallen?

☐ sehr gut ☐ gut ☐ geht so ☐ nicht so gut ☐ schlecht

3. Schreibe einen passenden Namen aus dem Buch in die Lücke.

______________________________ mag ich am liebsten.

______________________________ mag ich überhaupt nicht.

4. Hier ist deine Meinung gefragt.

	Das stimmt	Es geht so	Das stimmt nicht
Ich habe gern im Buch gelesen.	○	○	○
Ich habe alles gut verstanden.	○	○	○
Gerne würde ich noch weitere Geschichten über Anton lesen.	○	○	○
Anton ist cool.	○	○	○
Anton ist frech.	○	○	○
Anton ist mutig.	○	○	○
Anton ist ein guter Freund.	○	○	○
Der Pudel ist feige.	○	○	○
Der Pudel ist ein guter Freund.	○	○	○
Marie ist hilfsbereit.	○	○	○
Ich wäre gerne so wie Anton.	○	○	○
Ich wäre gerne so wie der Pudel.	○	○	○
Ich wäre gerne so wie Marie.	○	○	○

5. Besprich deine Meinung bei Aufgabe 4 in einer Kleingruppe. Begründe, warum du etwas angekreuzt hast. Beispiel: » Ich wäre gerne wie Marie, weil sie nett und hilfsbereit ist.«

Feedback-Bogen

1. Wie hat dir das Buch insgesamt gefallen? Kreuze an:
☐ sehr gut ☐ gut ☐ geht so ☐ nicht so gut ☐ schlecht

2. Wie haben dir die Bilder im Buch gefallen?
☐ sehr gut ☐ gut ☐ geht so ☐ nicht so gut ☐ schlecht

3. Schreibe einen Namen aus dem Buch in die Lücke.

_______________________________________ mag ich am liebsten.

_______________________________________ mag ich überhaupt nicht.

4. Hier ist deine Meinung gefragt. Schreibe die Sätze zu Ende.

Ich habe gern im Buch gelesen, weil _______________________________

Ich würde noch gerne andere Geschichten mit Anton in der Hauptrolle lesen, weil ________

____

Anton ist mutig, weil _______________________________________

Anton ist frech, weil _______________________________________

Der Pudel ist uncool, weil ___________________________________

Marie ist cool, weil ____

Mit _____________ würde ich streiten, weil _____________________

____

Mit _____________ würde ich gern befreundet sein, weil ___________

____

5. Anton macht oft auf den ersten Blick lustige Sprüche, die aber gar nicht so nett sind oder auch richtig beleidigend sein können. Was denkst du über die Sprüche von Anton? Diskutiert in der Kleingruppe.

Feedback-Bogen

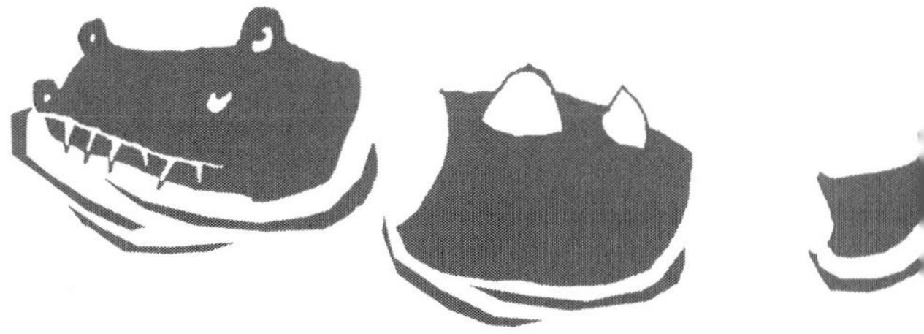

1. Hier ist deine Meinung gefragt. Schreibe die Sätze zu Ende.

Das Buch hat mir insgesamt ______________ gefallen, weil ______________________________

____

Ich würde noch gerne andere Geschichten mit Anton in der Hauptrolle lesen, weil __________

____

Anton ist mutig, weil ____

Anton ist frech, weil ____

Der Pudel ist uncool, weil ____

Marie ist cool, weil ____

Mit ________________ würde ich streiten, weil ______________________________

____

Mit ________________ würde ich gern befreundet sein, weil ______________________

____

2. Anton macht oft auf den ersten Blick lustige Sprüche, die aber gar nicht so nett sind oder auch richtig beleidigend sein können.

a) Suche dir zwei Sprüche von Anton aus. Notiere in Klammern, auf welcher Seite du sie gefunden hast, und gib auch die Zeilen an.

____

____

b) Was denkst du über die Sprüche von Anton? Diskutiert in der Kleingruppe.

c) Stell dir vor, Anton sagt zu dir einen seiner Sprüche. Wie fühlst du dich? Wie reagierst du? Schreibe in dein Lesetagebuch.

3. Auf dem Buchumschlag ist ein Krokodil abgebildet. Warum hat die Illustratorin ein Krokodil in den See gezeichnet? Schreibe deine Gedanken in dein Lesetagebuch.

Lösungen und Lösungsvorschläge

Hinweis an die Lehrer:innen: Die folgenden Aufgaben der Kopiervorlagen können im Unterricht parallel bearbeitet werden:

Zu k.3
G: 1a, b, c, 2
M/E: 1a, b, 3

Zu k.4
G: 1, 2a, b, 4
M/E: 2a, 3a, b, 5

Zu k.5
G: 2a, b, 4
M/E: 2a, 3(a), 5

Zu k.6
G: 2, 3, 4
M/E: 2, 3a, 4, 5

Zu k.7
G: 3, 4a
M/E: 1a, 2, 3c/3d

Zu k.8
G: 1a, b, 2, 3
M/E: 1, 3, 4, 5

Zu k.9
G: 1b, 3, 5
M/E: 1b/2

Zu k.10
G: 4
M/E: 4/1

G-Niveau

k.3

1. a) Anton
   b) Englisch
   c) Stern-Blitz-Mann; ein Mann, der abgeht wie eine Rakete
2. frech, undankbar, wütend, verwöhnt, unfreundlich, fantasievoll
3. a) undankbar/frech, wütend, unfreundlich
4. Köpper, Arschbomben, tauchen, kleine Kinder retten

k.4

1. Opa möchte Angeln gehen, Oma zieht den Badeanzug an, Anton möchte Fernsehen gucken.
2. a) Fische, Quallen, Schnecken
   b) Schlingpflanzen (S. 11)
3. Anton schwimmt nicht, Anton spielt nicht mit Freunden
4. ... weil man zusammen spielen kann. ... weil sie mich trösten ... usw.

k.5

1. a) ferngesteuertes Auto (theoretisch nur für eine Person)
   b) Stock, Stein, Pfützen (Zeilen 2–4)
2. a) der Pudel, Marie
3. einen Frosch (Zeile 8)
4. Anton braucht eine Pause von Pudeln und Arschbomben. Anton möchte nicht, dass seine Großeltern enttäuscht sind. Anton hat Lust auf die Kühlbox, die neben Opas Angelstuhl steht.

k.6

2. Barsch; Piranha; Würmer, Insekten, kleine Fische (Zeilen 8–9)
4. Der Pudel ist verlogen, weil er vorgibt, Antons Freund zu sein. ... böse, weil er das Madenglas auskippt. Der Pudel ist grob, weil er Anton schubst.
   Anton ist unhöflich, weil er den Pudel beleidigt. ... schlau, weil er nicht zuschlägt. Anton ist verärgert, weil der Pudel nicht verschwindet.

k.7

1. b) Opa sucht die Maden. Anton sagt als Erstes, dass die Maden weggekrabbelt sind. Dann lügt Anton Opa an: »Wir haben nur gespielt. Dabei sind die Maden umgekippt.« Zum Schluss suchen Opa und Anton Würmer.
3. Taucherbrille, Kreuzworträtsel (S. 47)
4. a) Anton ist es sehr unangenehm, dass er weinen muss. Das merkt sein »Freund« und schaut deshalb weg.
   b) Ein Freund nimmt dich so an, wie du bist.

k.8

1. a) schmale Brücke in den See, Stelle am Rand des Sees
   b) Der Pudel will Anton verprügeln.
2. a) Durch einen Zwischenfall mit seiner Mutter. Anton hatte den Lippenstift seiner Mutter zum Spielen als U-Boot in seinen Kakao getan. Antons Mutter wurde sehr wütend, schrie ihn an und schüttelte ihn.
   Nach dieser Auseinandersetzung hat sich Anton geschworen, keine Gewalt auszuüben.
   b) ... weil er gegen den Starken für den Schwachen gekämpft hatte.
3. a) in der Badewanne
   b) die Taucherbrille
   c) Marie
   d) sah

k.9

1. a) Vor der Abfahrt sollte er Piranha in den See gießen. Er darf Piranha nicht nach Hause mitnehmen.
2. Beispiel: Mein guter Freund Piranha, ich habe dich sehr lieb. Eigentlich wollte ich dich mit heimnehmen. Ich möchte dich nicht verlassen,

aber morgen darfst du in den See zurück. Da geht es dir bestimmt gut. Nächsten Sommer besuche ich dich wieder. ich werde dich sehr vermissen.
3. Piranha, Schlingpflanzen, riesige Steine, Schwarm Fische, Minifisch
4. Marie, Marie und Anton, Oma und Opa
5. See, Angst

M- und E-Niveau

K.3

1. a) Anton
b) Starflashman, Englisch, Stern-Blitz-Mann
c) Eltern, guten Freunden (Ergänzung für E: persönliche Geschichte, erzählt man Vertrauenspersonen)
2. a) Der Großvater soll schneller fahren.
b) Starflashman, Chips, Popcorn, Spaceshuttle, Team, Airbase, Hiphop, CD, cool, Campingplatz, Bar, Disco, Swimmingpool, Baby, Actionfilm
3. undankbar/frech, verwöhnt, wütend, unfreundlich
Anton ist **frech**, weil er seine Großeltern anbrüllt. Er ist außerdem **undankbar** und **verwöhnt**, weil er einen See hat, aber unbedingt einen Swimmingpool will. Am Schluss ist er sehr **unfreundlich** und **wütend**, weil er nicht mehr mit seinen Großeltern spricht.
4. a) Er denkt an das Ritual vor dem Einschlafen mit seinen Eltern (Ameisenspiel, Mutter kitzelt, Papa umarmt ihn).

K.4

1. Wüste, die Aufgabe, Wölfen, blondes, Wolfes
2. a) Die Großeltern wollen zum See gehen. Anton möchte TV gucken und Knisterknusperflakes essen.
3. a) Fische, Muscheln, Schnecken, Fische, Quallen (Ergänzung für E: s. S. 15–16)
b) Schlingpflanzen (S. 16, Z. 5) Ergänzung für E: kommen vom Grund, dort schwärzer und eiskalt, wachsen hoch, schleimiger, wabberiger, berühren Menschen beim Schwimmen

K.5

1. a) theoretisch nur für eine Person
b) Fußball, Gesellschaftsspiel ... beliebter Sport, für mehrere Spieler geeignet ...
2. a) der Pudel (S. 23, Z. 20), Marie (S. 49, Z. 8)
3. Antons Augen brauchen Pause von Pudeln und Arschbomben; Anton möchte Angeln lernen, damit Großeltern sich nicht weiter Sorgen machen; Kühlbox mit eiskalten Getränken
4. a) Muscleman. In Antons Vorstellung kämpft sein Opa mit einem Hai.

K.6

3. a) Würmer, Insekten, kleine Fische ...
5. Der Pudel ist hinterlistig, weil er vorgibt, Antons Freund zu sein. ... streitlustig, weil er das Madenglas auskippt. ... gewalttätig, weil er Anton schubst.

K.7

1. a) Anton will es selbst regeln. Er möchte nicht, dass sich sein Opa für ihn einsetzt. Das wäre ihm peinlich.
2. Buch mit Kreuzworträtseln (S. 65, Z. 4), Taucherbrille (S. 65, Z. 10)
3. b) Anton fühlt sich von seinem Vater als Versager behandelt (S. 68). »Anton, du kapierst das nieee!«
c)/d) Anton ist es sehr unangenehm, dass er weinen muss. Das merkt sein »Freund« und schaut deshalb weg.

K.8

1. a) langsam gehen, umherlaufen, Empfangsbereich z. B. in einem Hotel
b) Der Pudel will Anton verprügeln.
3. Durch einen Zwischenfall mit seiner Mutter. Anton hatte den Lippenstift seiner Mutter zum Spielen als U-Boot in seinen Kakao getan. Antons Mutter wurde sehr wütend, schrie ihn an und schüttelte ihn. Anton musste weinen. Nach dieser Auseinandersetzung hat sich Anton geschworen, keine Gewalt auszuüben.
4. a) in der Badewanne
b) die Taucherbrille/der Opa
c) streicheln/Marie
d) den Oberschenkel/die Oma
e) sah

K.9

2. Piranha, Schlingpflanzen, riesige Steine, Schwarm Fische, Minifisch
3. ... weil sie glauben, dass Anton sich beim Steg verletzt hätte.
5. ... springt vom Steg in den See, ... wie ein Gewinner/befreit/super ...